QUI A PEUR DES VIEILLES ?

Les Éditions François Bourin deviennent Les Pérégrines

Les Pérégrines : un mot au féminin pluriel pour évoquer nos féminismes ; un nom en hommage au roman éponyme de Jeanne Bourin, grand-mère et figure d'inspiration d'Aude Chevrillon, la directrice de la maison.
Notre ambition : vous proposer un voyage intellectuel en publiant des textes toujours pertinents, souvent impertinents, qui, par des voix fortes et hardies, des plumes belles et singulières, observent le monde par différentes fenêtres, nous amènent à faire un pas de côté, nous poussent à mieux appréhender l'autre, l'étrangeté, la diversité, nous livrent des trajectoires inspirantes pour dessiner une société plus humaine.

GENRE!

Lorsqu'on dit à quelqu'un, en langage familier, qu'il ou elle fait « genre », on lui signifie que l'on a compris que l'apparence qu'il ou elle se donne, les pratiques qu'il ou elle revendique relèvent d'une construction plus ou moins consciente, qui s'inscrit dans un rapport de pouvoir.
« ***GENRE!*** », c'est un cri de guerre, une démarche de défiance critique, un laboratoire d'idées et d'explorations inédites où se mêlent recherches et témoignages.

Conception graphique et mise en page : Lia Pradal
Photographie de couverture : ©Carlos Arjiz

ISBN : 979-10-252-0533-4

Éditions Les Pérégrines
21, rue Trousseau 75011 Paris
www.editionslesperegrines.fr

MARIE CHARREL

Ouvrage publié avec la collaboration
éditoriale d'Adeline Fleury

QUI A PEUR DES VIEILLES ?

GENRE!

De la même autrice

Les Danseurs de l'aube, Éditions de l'Observatoire, 2021

Une nuit avec Jean Seberg, Fleuve Éditions, 2018

Je suis ici pour vaincre la nuit, Fleuve Éditions, 2017

Les Enfants indociles, Rue Fromentin, 2016 ; Pocket, 2017

L'Enfant tombée des rêves, Plon, 2014 ; Pocket, 2016

Une fois ne compte pas, Plon, 2010 ; Pocket, 2011

De tous les événements inattendus, le plus inattendu, c'est la vieillesse.

Léon Trotski

AVANT-PROPOS

Je n'ai jamais cru aux fantômes. Ce jour-là, pourtant, celui de ma grand-mère s'est soudain matérialisé pour souffler à mes oreilles : « Tu n'as pas honte ? »

Ces mots ont déclenché un séisme intérieur. Ils ont fait exploser mes certitudes. Quelques minutes avant, j'étais pourtant sûre de mon fait. Oui, enfin, je prenais ma vie en main, et la dermatologue se tenant en face de moi était la magicienne qui allait balayer mes angoisses. D'un coup de stylo habile, elle avait dessiné quelques traits noirs au-dessus de mes sourcils, à la racine des cheveux, entre mes yeux : « Je piquerai là, ici et là. » Je me suis tournée vers le miroir pour observer tour à tour mon visage un peu froissé et le sien, étonnamment lisse et dodu. Quel âge avait-elle ? 50 ans, 60 ans, plus ?

Elle était de ces femmes dont la peau a été si retouchée, tirée, modifiée, plastifiée, transformée qu'il est impossible de déterminer à quelle décennie remonte leur naissance. Vingt ans au moins nous séparaient et pourtant j'étais déjà plus fripée qu'elle. Une longue ride, celle que l'on appelle du lion, raturait mon front de haut en bas. Depuis quelque temps, ce stigmate m'angoissait beaucoup. Il était là le soir, il était là le matin, il ne s'effaçait plus durant la nuit. C'était un signe, une preuve indiscutable : j'y étais. Le début de la fin, la grande décrépitude : la vieillesse me guettait, je ne pourrais plus lui échapper. J'avais 37 ans. Moi qui n'avais jamais eu que faire de mon âge, je rêvais soudain de paraître dix ans de moins.

J'ai examiné à nouveau le front de la dermatologue, rose et replet comme des fesses de nouveau-né. Surnaturel. L'enviais-je ? Oui. Un peu.

C'est alors que le fantôme de Léa s'est invité dans le cabinet : « Non mais tu n'as pas honte ! »

Léa était un mélange exquis de Tatie Danielle et Madame Doubtfire. On ne la lui faisait pas. Jusqu'à la fin, ou presque, elle escaladait les barrières, construisait des cabanes dans les bois, jurait comme un charretier et buvait son petit canon de rouge tous les jours. Elle portait des blousons de cuir noir taillés pour un homme et une casquette façon gavroche. Elle adorait se moquer des autres grands-mères, celles qui portaient des robes à fleurs et traînaient leur caddie de course en claudiquant sur le trottoir : « Regarde-moi ces vieilles biques ! » Elle n'était pas faite du même bois.

Léa était un peu dingue, drôle, sans entrave. Cinglante. À ses côtés, tout était permis. Enfant, j'aspirais à lui ressembler. Sa liberté et sa situation me semblaient infiniment plus enviables que celles de ma mère, ployant sous le boulot, torturée par la culpabilité de la working woman écartelée entre un métier très prenant et deux petits en bas âge. Enfant, j'aspirais à être vieille avant de devenir femme. À courir dans la forêt, à boire des coups en me moquant du monde, flottant dans un blouson d'homme, comme Léa.

Et puis, l'adolescence et son tombereau d'angoisses ont débarqué. J'étais soudain trop maigre, trop plate, pas assez jolie, pas assez branchée, pas sexy. Soudain, je désirais devenir femme, et certainement pas vieille. Léa est morte à 94 ans, alors que je finissais mes études. J'ai grandi. Je suis devenue une working woman ployant sous le boulot. J'ai regardé la ride du lion se dessiner sur mon front avec une terreur sans nom. Au point d'envisager sérieusement d'y injecter du botox, à 37 ans !

Mais je ne l'ai pas fait.

Impossible : maintenant que Léa était avec nous, chez la dermato, je ne pouvais plus. J'avais bien trop honte.

Prétextant une envie pressante, j'ai attrapé mon sac, ma veste, quitté le cabinet en vitesse, sans payer, oubliant mon écharpe sur place. J'ai remonté la rue Tolbiac en courant comme une dératée, comme si cela pouvait laver l'indignité enserrant ma poitrine. Car le fantôme de ma grand-mère n'avait pas débarqué seul. Auprès de lui se tenait la petite fille d'autrefois. Celle qui aspirait à devenir aussi libre que Léa : j'avais piétiné ses rêves et elle m'en voulait. Pour les chasser toutes les deux, je suis entrée dans une épicerie, j'ai rempli mon panier avec tout ce qui me passait sous la main. Les clients et le caissier me regardaient d'un drôle d'air. Voyaient-ils les deux spectres me suivre à la trace ? En vérité, ils s'étonnaient surtout des traits de stylo noir dessinés sur mon visage par la dermato.

Cette anecdote pourrait prêter à sourire si elle n'éclairait pas, au fond, l'un des grands maux de notre société : celle-ci a un problème avec les vieux en général et les vieilles en particulier. On ne veut pas les voir. On les cache. Elles ne suscitent plus le désir – en témoigne la sortie de l'écrivain

Yann Moix déclarant en janvier 2019 dans *Marie-Claire* être incapable d'aimer une femme de plus de 50 ans. Ce triste sire a eu le malheur de dire tout haut ce que beaucoup pensent tout bas.

En 1972, l'essayiste Susan Sontag[1] mettait déjà des mots sur ce phénomène. Dans un article devenu une référence sur le sujet, elle soulève une question toujours d'actualité : pourquoi les femmes mentent-elles plus que les hommes sur leur âge ? Parce qu'il existe un double standard du vieillissement, explique-t-elle. Un deux poids, deux mesures. « En matière de séduction, deux modèles masculins coexistent, le "jeune homme" et "l'homme mûr", contre un seul, côté féminin : celui de la "jeune femme" », écrit Susan Sontag. Pour les femmes, vieillir est plus cruel, douloureux, difficile. La palette de leurs possibles se rétrécit.

Deux ans plus tôt, en 1970, Simone de Beauvoir publiait un essai sur la vieillesse[2] dont l'écho fut bien moindre que celui du *Deuxième Sexe*. Elle y décrit la vieillesse comme un fait culturel, pas seulement biologique, dont les conséquences sont très différentes pour les femmes et pour les hommes. Cinquante ans plus tard, les lignes ont à peine bougé, au regard de ce que l'on aurait pu espérer de la révolution féministe. Au regard, surtout, de l'évolution de la population : les femmes de plus de 50 ans sont une force démographique montant en puissance. En 2019, l'espérance de vie est de 85,6 ans pour les femmes – contre 79,8 ans pour les hommes –, contre guère plus de 45 ans en 1900,

1 Susan Sontag, « The double standard of aging », *The Saturday Review*, 23 septembre 1972.

2 *La Vieillesse*, Gallimard, 1970.

selon l'Insee. Au 1er janvier 2019, les femmes représentent 51,6 % de la population en France : elles sont 2,2 millions de plus que les hommes. Et ces derniers sont largement minoritaires aux âges avancés : ils constituent seulement 43,1 % de la population des 65 ans ou plus, et 38,9 % des personnes de 75 ans ou plus. Début 2019, 12 700 femmes sont centenaires en France, contre seulement 3 000 hommes. Alors pourquoi cet opprobre persistant sur l'âge des femmes ? Pourquoi ce regard toujours ambivalent sur la vieillesse, objet tantôt de respect, tantôt de rejet ? C'est que la société (c'est-à-dire nous tous) n'est pas à une contradiction près. Elle vieillit, mais vénère une jeunesse qui lui ressemble de moins en moins. Elle nous enjoint à « nous accepter telles que nous sommes » mais aussi, à rentrer dans la norme. Elle prie les femmes de ne pas tricher, de se montrer authentiques, mais elle survalorise celles qui savent rester minces, jolies et paraître jeunes. Elle se lamente sur sa « jeunesse sacrifiée » sur l'autel des crises économiques et des jobs précaires comme sur ses anciens remisés dans les Ehpad pour y mourir. Mais elle ne se bouge vraiment ni pour les premiers ni pour les seconds.

Et pourtant. Si elles déplorent le fait d'être moins regardées, invisibilisées, mises de côté, beaucoup des femmes de plus de 50 ans rencontrées pour l'écriture de ce livre se réjouissent également d'être plus libres. Plus heureuses. Elles se connaissent mieux, font état de certitudes plus solides, ne regrettent rien du vacillement de leurs vingt ans. Certains hommes les ignorent désormais, mais bien souvent, elles sont plus sûres de leurs désirs et de leurs corps. Elles ont les deux pieds bien ancrés, permettant à leur esprit de naviguer avec plus de fougue encore. Et si ces constats à première vue contradictoires étaient les deux faces d'une même pièce ? Et si l'invisibilité et la mise de côté des femmes mûres étaient, en vérité, la conséquence de cette liberté ? Mais qui donc a peur des vieilles ?

J'utilise ici ce mot, vieilles, avec une once de provocation, jouant volontairement avec les clichés pour désigner toutes celles qui, approchant la ménopause ou la dépassant, prennent conscience avec plus ou moins de légèreté du double standard décrit par Susan Sontag. Quelle est la source de cette peur ? Leur liberté est-elle réelle ou fantasmée ? Comment l'atteindre ? Pourquoi est-elle encore si dénigrée lorsqu'elle s'exprime ? Pour quelle raison, à un moment donné, les fillettes cessent-elles d'aspirer à devenir comme leurs grands-mères en grandissant, soudain angoissées devant les rides ?

Pour le comprendre, je me suis plongée dans les livres et témoignages – de moins en moins rares – abordant l'avancée en âge des femmes sous les angles sociologique, cinématographique, biologique, littéraire, culturel. J'ai rencontré des écrivaines, des comédiennes, des chercheuses, des psychologues, des médecins, des sportives. J'ai surtout échangé avec des femmes (et des hommes) de toute la France.

De ces entretiens, le plus frappant est sans doute le décalage entre les stéréotypes sur les femmes ménopausées et la réalité de ce qu'elles vivent et sont. Comme si l'image sociale et les préjugés avaient toujours un cran de retard sur les faits. Comme si nous vivions un moment de basculement, avec toutes les ambiguïtés, contradictions et possibles retours en arrière que cela implique. À l'ère post #MeToo, à l'heure où jamais l'on n'a autant parlé du corps féminin, la question de l'âge, prochaine frontière, commence à percer dans le débat. Les tabous tombent doucement. Ils sont encore nombreux. Or, c'est une conviction: la place des femmes, quels que soit leur âge et leurs rides, est l'affaire de tous. « La vieillesse permet une interrogation en retour sur les normes et les valeurs des sociétés », écrit la sociologue Rose-Marie Lagrave[3].

Au fil de ces pages, il y aura beaucoup de questions, mais pas toujours de réponses. Il y aura plusieurs détours par le cinéma, les séries, les livres. Quelques incursions, aussi, du côté de l'histoire, de l'anthropologie et de l'archéologie. Il y aura surtout des rencontres. Parfois improvisées et inattendues, toujours surprenantes, au gré des hasards, des portes entrouvertes, mais aussi de celles restées fermées. Car beaucoup de femmes peinent à mettre des mots sur les bouleversements liés à l'avancée en âge, ou refusent de le faire, de peur de voir leur image associée à la vieillesse, surtout quand elles sont des personnalités publiques. Mais lorsqu'elles acceptent de se livrer, le voyage se révèle aussi riche qu'exaltant. Bienvenue au pays des rides heureuses.

---

3 « Ré-enchanter la vieillesse », *Mouvements*, mars 2009.

1. DIS-MOI QUEL ÂGE TU AS, JE TE DIRAI CE QUE TU VAUX

Lorsque mes amis organisèrent une réception surprise pour mon soixantième anniversaire, je les aurais volontiers tués.

Betty Friedan, *La révolte du 3e âge*, 1995

Reflets dans un œil d'homme

« Une petite expérience, ça te tente ? »

Ce soir, Chantal est d'humeur taquine. Elle détaille son reflet dans la vitrine d'un magasin en sifflotant, pianote un message sur son téléphone, traverse au rouge, « parce que la vie est trop courte pour attendre le vert ». Elle qui déteste son prénom – « c'est ringard, non ? » – demande à ses amis de l'appeler Sam. Une fois n'est pas coutume, elle a laissé ses longs cheveux châtains détachés. Lorsque nous entrons dans le restaurant, elle glisse : « Je sais, ils sont abominables. Les mèches filasse, la frange comme de la paille, ça me mémérise. Les magazines féminins disent qu'à mon âge il ne faut pas garder les cheveux longs, parce que la ménopause bousille tout. Mais tu imagines ma tronche avec la coupe de Mimi Mathy ? »

Comme la plupart de ses amies, je suis convaincue qu'à peu près toutes les coiffures lui iraient à merveille.

« Tu ne les coupes pas par refus de céder aux conseils de la presse féminine ?

– Non. Parce que j'ai la flemme. »

Sam a 61 ans. Je l'ai rencontrée par le biais de connaissances communes, au cours d'un dîner. Son assurance m'avait beaucoup impressionnée. Elle m'impressionne toujours. C'est lorsque je lui demande, au restaurant, ce que vieillir signifie pour elle, qu'elle me fait cette proposition : « Une petite expérience, ça te tente ? » Difficile de refuser. « Voilà ce qu'on va faire : poursuivons le repas comme si de rien n'était, et guette la réaction des autres tables la prochaine fois que je ris. »

Ah, le rire de Sam ! Une cascade jaillissant de la montagne au printemps, une poignée de diamants jetés au ciel, un poème en soi : irrésistible. « Tu as remarqué que je me marre comme une gamine ? » De fait, la voix et les intonations de mon amie se font plus juvéniles quand elle rit. Elle monte dans les aigus, gagne en fraîcheur. Elle redevient une fillette rigolant à gorge déployée devant les bêtises de ses copines.

Nous entamons l'entrée, buvons trop. Lorsque le plat principal arrive, Sam part dans l'un de ses fameux fous rires, joyeusement tonitruant. Les convives des autres tables se retournent. Leurs regards se posent sur moi. Ils me dévisagent un instant, froncent les sourcils, jettent un œil autour avant de se fixer, incrédules, sur Sam.

« Tu as vu ? Ils pensent que ce rire de gosse vient de toi, la jeune, forcément. Ce n'est pas par méchanceté : ils ne me voient pas tout de suite parce que je suis invisible. Je ne capte plus la lumière alors que toi, si. Leur regard glisse sur moi. Vieillir, c'est ça : enfiler la cape d'invisibilité d'Harry Potter. Disparaître. Passer de l'autre côté du miroir. »

Voilà qui est curieux. Pour évoquer l'avancée en âge, Sam ne cite pas en premier lieu les rides, la fatigue, les cheveux blanc ou encore le mal de dos. Non : elle parle de cape d'invisibilité et de miroir. Cette invisibilisation, cette disparition dans le regard de l'autre, est aussi le point de départ de la réflexion de Barbara Macdonald, la féministe américaine pionnière de la pensée sur l'âgisme outre-Atlantique, dans son ouvrage *Look Me in the Eye. Old Women, Aging and Ageism*[1] : « Les hommes vivant au-dessus sont mal à l'aise lorsque nous nous croisons dans le hall, ils ne m'accordent pas un regard et sont toujours pressés. La femme du dernier étage n'engage jamais la discussion avec moi d'aucune façon, mais elle rend visite aux étudiants qui habitent au-dessous de chez elle. Je me demande parfois si c'est mon lesbianisme ou mon âge qu'ils ne peuvent pas supporter. En général, j'en conclus qu'ils se fichent des personnes qui ne peuvent rien leur apporter. »

Sa compagne, la féministe Cynthia Rich, avec qui elle a co-écrit l'ouvrage, est plus jeune qu'elle et observe aussi le lent processus d'invisibilisation qui touche les vieilles. Elle ne tarde d'ailleurs pas à s'engager à son tour contre l'âgisme : « Pour la première fois, Barbara a évoqué son malaise à propos de la façon dont elle se sent perçue par de nouvelles amies, vingtenaires ou jeunes trentenaires. C'est à moi qu'elles destinent leurs regards : les questions lui sont moins souvent adressées. Lorsque nous sommes allées à la quincaillerie et qu'elle a posé une question à

1 Barbara Macdonald, Cynthia Rich, *Look Me in the Eye. Old Women, Aging and Ageism*, Spinsters Ink Books, 2002.

l'homme derrière le comptoir, c'est moi qu'il a regardée en répondant. »

Pour les femmes, vieillir est d'abord une question de regard, et ce n'est pas une surprise puisque, durant une grande partie de leur vie, elles ne sont que « reflets dans un œil d'homme », selon l'expression de la romancière et essayiste Nancy Huston[2]. Celle-ci suggère que cela commence dès la plus tendre enfance, avec le « stade du miroir », cette étape où, entre 6 et 18 mois, le petit enfant aperçoit son reflet dans la glace et comprend qu'il ne s'agit pas d'une autre personne, mais bien de lui-même. Dès lors, il prend conscience de son corps. Après Henri Wallon, au début du XXe siècle, nombre de psychologues et psychanalystes se sont penchés sur ce concept et l'ont enrichi. Jacques Lacan explique ainsi que la conscience du soi, le « je », s'instaure car l'autre – c'est-à-dire le parent présent derrière l'enfant et lui montrant son reflet – apparaît également dans le miroir. « L'image de mon corps passe par celle imaginée dans le regard de l'autre », écrit-il.

Cette étape se produit de façon identique chez les filles et les garçons. Les enfants des deux sexes se développent, au tout début, en suivant un chemin à peu près similaire, fait de jeux, de légèreté, d'éclats de rire et de tartines au chocolat. Quel rapport avec la vieillesse ? Nous y venons : vers 6 ou 7 ans, quelque chose d'autre se produit. C'est là que les problèmes commencent et que se noue l'origine du double standard décrit par Susan Sontag. Chez les filles, un

2 Nancy Huston, *Reflets dans un œil d'homme*, Actes Sud, 2012.

dédoublement d'une nature particulière intervient: elles deviennent « regardées », tandis que les garçons deviennent « regardeurs ». Les premières prennent conscience qu'on les observe, examine, détaille, dévisage, juge, que leur visage, leurs vêtements, leur corps et bientôt leurs formes, leur coiffure, leur maquillage seront évalués, estimés, mesurés, commentés toute leur vie, dans des proportions et avec une intensité sans commune mesure avec ce que les garçons expérimenteront. Ce regard-là, ce jugement, elles ne tardent pas à l'intérioriser.

« Dans chaque existence de femme, il y a un avant et un après le dédoublement, écrit Nancy Huston. Avant, on ne savait pas. On était spontanée. On coïncidait bêtement (à la manière des bêtes) avec son corps. On courait, riait, sautait à la corde, roulait du haut jusqu'en bas de la colline, faisait de la bicyclette, du tricycle, chantait à tue-tête. Dorénavant, on se regarde courir, rire, chanter. On est devenue, dit la langue anglaise, *self-conscious* : il y a un autre en soi qui juge et jauge le soi, parfois gentiment, mais très souvent durement. »

Dès lors, plus rien n'est simple. Tout devient affaire de contrôle. L'apparence se doit d'être travaillée, améliorée, peaufinée, afin de tendre vers un idéal : celui d'une beauté faussement naturelle, sexy sans être allumeuse, éternellement juvénile, un corps de papier glacé que nombre de jeunes filles, puis de femmes, s'épuiseront à tenter d'atteindre, en vain. Beaucoup, au passage, auront surtout appris à détester leur corps. « Une femme doit constamment se surveiller. Elle est accompagnée en permanence par l'image qu'elle a d'elle-même », notait en 1972 l'écrivain britannique John Berger dans son étude *Ways of Seeing*. « Les hommes regardent les femmes. Les femmes se regardent en train d'être regardées. Cela détermine non seulement la plupart des rapports entre hommes et femmes, mais aussi le rapport des femmes à elles-mêmes. L'observateur à l'intérieur de la femme est masculin, l'observée, féminine. Ainsi la femme se transforme-t-elle en objet – et plus particulièrement en objet visuel, c'est-à-dire en image. »

Toute leur vie, les femmes sont, à divers degrés, des reflets dans un œil d'homme. L'homme à l'extérieur et, surtout, l'œil à l'intérieur d'elles-mêmes : c'est précisément ce qui rend ce jeu de regards complexe et, parfois, douloureux. Dans *Blanche-Neige*, lorsque la sorcière interroge son miroir pour lui demander qui est la plus belle, c'est bien cet œil intérieur qu'elle questionne. Or celui-ci est autant, voire plus tyrannique encore que le regard extérieur.

Bien sûr, toutes les femmes ne sont pas égales face à ce double regard. Si toutes ont connu le dédoublement dont parle Nancy Huston, certaines s'en détachent plus facilement que d'autres et déploient leur énergie vers autre chose – passions, carrière, amis, famille. Elles construisent leur identité et leur féminité sur plusieurs registres. Elles ne renoncent pas au maquillage ni aux standards permettant d'entrer dans le cercle de la séduction au sens large, dans la sphère publique comme privée, envers les femmes comme les hommes. Mais elles les manient avec suffisamment de détachement pour ne pas y être assujetties.

D'autres, en revanche, se sont bâties de façon moins autonome à l'égard de l'œil intérieur comme extérieur. Parce que la séduction a joué une place de premier plan dans leur vie. Parce que leur identité ne s'est pas construite sur d'autres piliers suffisamment solides. Pour ces femmes, les transformations, à commencer par celles qu'induit la grossesse, à la suite desquelles le corps n'est plus toujours conforme aux normes et au diktat du reflet, peuvent avoir des conséquences désastreuses sur leur estime d'elles-mêmes. « Pour qu'une femme ayant joué dans sa carrière la carte "beauté" puisse bien vivre la maternité, il lui faut une sacrée force venue de l'enfance, souligne Nancy Huston. Cela arrive parfois : c'est le cas (pour ce que l'on peut en deviner) de Jane Birkin, de Catherine Deneuve ou de Madonna. Mais pour celles qui se sont égarées, jeunes, dans l'abîme du dédoublement (*qui est moi et qui aime-t-on ? Moi ou mon image ?*), la maternité prend soudain l'aspect d'une catastrophe[3]. »

La transformation qu'engendre le vieillissement est alors plus douloureuse encore. « Pour les femmes de 50 ans qui ont toujours joué l'atout de la séduction et qui s'obstinent à le jouer encore, il est particulièrement difficile d'accepter l'avancée en âge : beaucoup d'entre elles le refusent », remarque la géographe Sylvie Brunel, 60 ans, lorsque je l'interroge sur son livre, *Manuel de guérilla à l'usage des femmes*[4]. « Le cas de celles qui occupent des positions de pouvoir résultant de leurs compétences est très différent : puisque la séduction liée au physique n'a pas été un enjeu dans leur ascension, l'âge n'en est pas un non plus. »

3 *Ibid.*
4 Grasset, 2009.

Il ne s'agit pas, bien sûr, de jeter la pierre aux femmes belles, ni à celles qui travaillent à entretenir leur jeunesse. Mais plutôt de souligner que celles pour qui l'apparence, la beauté et ce fichu œil ont joué un rôle prépondérant vivent bien plus mal l'apparition des rides, l'affaissement des seins et la cape d'invisibilité. « Trop longtemps, les femmes ont intégré et accepté le fait d'être des objets : objets de désir et objet de maternité », résume Odile Chabrillac, naturopathe et thérapeute psychanalytique, autrice du livre *Âme de sorcière, ou La magie du féminin*[5]. Mais se libérer du statut d'objet pour devenir sujet de sa propre existence, de ses propres désirs, ne signifie en rien renoncer au fard à paupières et autres artifices. « On peut jouer à être objet, le choisir : cela n'a alors rien à voir avec un état subi », ajoute Odile Chabrillac. Telle est, au fond, la différence parfois subtile entre soumission et liberté.

Sexisme et âgisme, la paire infernale

Sur son site internet, l'Organisation mondiale de la santé (OMS) dédie une page aux questions-réponses à propos de l'âgisme. On y lit la définition suivante : « L'âgisme est le fait d'avoir des préjugés ou un comportement discriminatoire envers des personnes ou des groupes en raison de leur âge. L'âgisme peut prendre de nombreuses formes, notamment des comportements fondés sur des préjugés, des pratiques discriminatoires ou des politiques institutionnelles tendant à perpétuer des croyances de ce type. » Un peu plus loin, l'organisation complète : « À l'instar du

5 Solar, coll. « Harmonie », 2017.

racisme et du sexisme, l'âgisme a une finalité sociale et économique : légitimer et maintenir les inégalités entre les groupes. » Aujourd'hui, 600 millions de personnes dans le monde ont plus de 60 ans – un chiffre appelé à doubler d'ici 2025 et à culminer à 2 milliards d'ici 2050. Les pays en développement compteront alors la grande majorité des personnes âgées.

Dans un étrange paradoxe, les sociétés occidentales vieillissant à toute vitesse vouent un culte toujours plus intense au corps jeune. Elles planquent leurs vieux dans des Ehpad et appellent « seniors » les plus de 45 ans en entreprise, comme s'ils étaient déjà sur le toboggan de la fin. L'âgisme concerne indéniablement les deux genres : les hommes n'échappent pas aux discriminations liées aux années, en particulier dans la sphère professionnelle. Mais le cas des femmes est différent. Plus délicat. Car, en sus de l'âgisme, elles sont confrontées au sexisme. « Les deux s'articulent : dans nos représentations, les femmes vieillissent plus précocement que les hommes, remarque la sociologue Cécile Charlap, autrice de *La fabrique de la ménopause*[6]. Leur avancée en âge est décrite avec un vocabulaire relevant du registre de la perte et du déclin, très péjoratif, tandis que pour les hommes, les mots employés sont plus valorisants, évoquant la maturité et l'expérience. »

Les mots ne sont pas anecdotiques. Ils comptent. Dans *La Vieillesse*, Simone de Beauvoir soulignait déjà que l'on ne parle jamais de « belle vieillarde ». « Au mieux, on dira

6 CNRS éditions, 2019.

une charmante vieille femme », tandis que l'on ne se prive jamais d'admirer de « beaux vieillards ». Le terme « vieilles peaux » désigne en général des femmes. On s'extasie devant la chevelure argentée de Richard Gere et le physique fringuant de Robert Redford. Mais lorsqu'on salue la beauté de Meryl Streep, on précise en général aussitôt « pour son âge », ou alors qu'elle est « bien conservée ».

En février 2020, la toile s'est émue de voir Jane Fonda, 82 ans, assister à la quatre-vingt-douzième cérémonie des Oscars avec des cheveux coupés courts, et gris : après des décennies de teinture, elle avait renoncé à son habituel blond. Jack Martin, son coloriste, s'est même fendu d'un post Instagram pour dévoiler les dessous de cette mutation capillaire et expliquer comment il lui a rendu une couleur proche de sa teinte naturelle. Il y confie également que durant toute la durée de l'opération – sept heures, tout de même ! – Jane Fonda révisait les répliques du prochain épisode de sa série *Grace & Frankie*, lisait la presse et travaillait. S'attendait-il à ce que mamie fasse la sieste ?

Les mots éclairent, une fois encore, le double standard dont il est ici question, et Isabelle de Courtivron l'a expérimenté avec douleur. Cette septuagénaire a enseigné la littérature, la culture et le cinéma aux États-Unis, notamment au prestigieux Massachusetts Institute of Technology (MIT). Outre-Atlantique, elle a épousé les causes féministes et mené sa vie tambour battant. Isabelle est une femme indépendante, forte, dynamique. L'été de ses 73 ans, tandis que ses ligaments tiraient un peu plus que d'habitude, elle a soudain pris conscience qu'elle devenait « invisible, inaudible ». « Je me retrouvais soudain sur la pente descendante de ma vie.» Dans l'ouvrage *L'été où je suis devenue vieille*[7], elle raconte avec lucidité ce basculement.

En 2017, référente En marche pour la campagne du candidat Emmanuel Macron, elle prend conscience de son décalage avec les jeunes militants. Soudain immergée dans la *start-up nation*, elle se rend compte qu'elle ne partage pas «leur façon d'être, leur perception de la vie», qu'elle n'est pas en phase avec leurs expériences professionnelles dans la com', les médias, la finance. «Il y avait un fossé entre nous. Pour moi, cela a été un choc culturel, générationnel, identitaire particulièrement déstabilisant», écrit-elle. Elle qui désire exercer son sens critique est déroutée par les injonctions à la «bienveillance» d'Emmanuel Macron. Les jeunes regardent comme un ovni cette féministe «historique», aux idées datées à leurs yeux.

Ce fossé générationnel est d'autant plus difficile à supporter qu'il se double, ajoute-t-elle, d'un mépris à l'égard du corps féminin prenant des rides. «Montrer un corps vieilli est rédhibitoire dans notre société qui valorise la beauté et la jeunesse des femmes, sans se préoccuper autant du corps des hommes, écrit Isabelle de Courtivron. Est-ce cela, la vieillesse, non seulement accepter d'être invisible aux yeux des autres, les hommes, les jeunes, mais participer pleinement à cette invisibilité en se cachant, en cachant son corps et ses rides?»

---

7 Isabelle de Courtivron, *L'été où je suis devenue vieille*, L'Iconoclaste, 2019.

C'est en tout cas ce que l'on nous montre à l'écran, lui répondrait sans doute Marina Tomé. Cette comédienne de 61 ans au savoureux bagout apparaît régulièrement dans des films et épisodes de séries, et joue au théâtre. Son visage est d'une expressivité folle. Ses yeux noirs se plantent dans les vôtres tandis que les émotions y défilent, fortes, communicatives, même lorsque je la rencontre en visio – confinement oblige. Ses lèvres tressaillent d'agacement lorsqu'elle pose ce constat : « Les femmes de plus de 50 ans disparaissent des écrans : on ne les voit plus. Le sexisme et l'âgisme sont les deux faces d'une même pièce. » Sa comparse, la comédienne Catherine Piffaretti, est tout aussi remontée sur le sujet : « Les raisons pour lesquelles les jeunes femmes sont définies ou se définissent par rapport au désir masculin sont les mêmes que celles qui les font disparaître à 50 ans. »

Un mot, au passage, sur le désir masculin : lui aussi décline avec l'âge. Romain Gary a décrit ce douloureux plongeon, avec sensibilité et humour, dans *Au-delà de cette limite, votre ticket n'est plus valable*[8]. Son personnage, l'industriel Jacques Rainer, 59 ans, est sur la pente raide, à tout point de vue : professionnellement, sexuellement, maritalement, virilement. La peur de l'impuissance le tétanise. Il bande mou (en 1975, le viagra n'existe pas encore). Il divague : son déclin est aussi celui du monde blanc occidental.

Dans un autre registre, et avec moins de panache, Michel Houellebecq ne dit pas autre chose à longueur de pages. Dans ses livres, le quinqua qu'il prend presque toujours

8 Gallimard, 1975.

comme personnage principal flanche, la civilisation flanche, rien ne va plus. Et Isabelle de Courtivron de souligner, dans son livre : « Nul ne doute que les hommes fragilisés par le mythe néfaste de la virilité souffrent eux aussi du basculement vers la vieillesse, dont l'impuissance est l'un des premiers signes concrets, et qui peut mener au désespoir. Mais les femmes qui ont écrit à ce sujet comparent rarement leur déclin personnel à un déclin plus vaste de la société. Peut-être parce qu'elles n'ont pas peur de perdre une puissance qu'elles n'ont jamais eue. »

Ou parce qu'elles ne placent pas leur ego exactement au même endroit, mais c'est une autre histoire.

Vieille à 30, 50 ou 60 ans ?

Virginie est d'un naturel anxieux, et le premier confinement n'a rien arrangé. Ce matin de mai 2020, tandis que nous échangeons sur WhatsApp avec notre groupe d'amis, elle se montre un peu plus inquiète que d'habitude. « C'est ma mère, finit-elle par confier. Elle refuse de sortir masquée et d'utiliser du gel hydroalcoolique. Elle assure qu'elle est en bonne santé, que tout va bien, que le masque, c'est uniquement pour les personnes à risque, c'est-à-dire les vieux. Je n'ai pas voulu la vexer en lui rappelant qu'à 71 ans elle en fait partie, des vieux. »

Un torrent de messages s'ensuit. Un nombre non négligeable d'entre nous sont dans la même situation que Virginie : confrontés à un père, une mère, un oncle ou une tante de plus de 65 ans estimant ne pas faire partie des personnes exposées au coronavirus en raison de leur âge et refusant d'appliquer les gestes barrières.

Bien sûr, beaucoup se montreront ensuite infiniment plus prudents lorsque la pandémie gagnera en intensité. Il n'empêche. Leur attitude a mis en lumière une question loin d'être nouvelle : les baby-boomers ont-ils un problème avec l'âge ? Pourquoi rejettent-ils avec une telle véhémence l'idée d'intégrer le cercle des cheveux blancs ? Probablement parce qu'ils constituent la première génération à jouir d'une aussi bonne santé une fois atteint l'âge de la retraite. Ils vieillissent moins vite que leurs aînés et vivront plus longtemps. Leurs propres parents, lorsqu'ils sont encore en vie, dépassent les 90 ans : à leurs yeux, ce sont eux, les vieux.

Ce n'est pas un hasard si les baby-boomers sont aussi la première génération ciblée dans des proportions sans précédent par l'industrie anti-âge et ses promesses d'éternelle jeunesse. Non seulement ils affichent un pouvoir d'achat plutôt bon, mais surtout ils sont devenus adultes dans les années 1960, à un moment où tout semblait enfin possible. C'est une exception dans l'histoire de l'humanité. Beaucoup ont été des adolescents flamboyants, des soixante-huitards chanceux et certains ne voient pas pourquoi la roue tournerait une fois la retraite arrivée (difficile de le leur reprocher). Quitte à nourrir une forme de déni à l'égard de leur âge.

À défaut d'échapper aux années, certains se rebellent contre cette perspective, parfois en tirant sur leur peau, parfois en vivant comme leurs enfants. Ou encore, en tentant de gagner la bataille des mots : « vieux », eux ? Non. « Mûrs », à la limite. « Expérimentés », passe encore.

Mais à quel âge est-on vieux, au juste ? « On ne sait toujours pas à quel âge commence la vieillesse et on ne le saura probablement jamais », résume Laure Adler, dans

La Voyageuse de nuit[9]. Et pour cause : celle-ci est relative à l'état de santé, à la classe sociale, à l'époque et au lieu de vie. Ainsi, les femmes chinoises encore célibataires à 30 ans sont considérées comme des *leftovers*[10], des « restes » périmés, seulement bonnes à se consacrer à leur carrière si elles le souhaitent et condamnées à mourir vieilles filles (à moins de s'exiler), sous l'opprobre familial et les reproches éternels de leurs parents.

« Chez nous, la vieillesse est surtout corrélée à la durée et aux conditions de vie, aux épreuves physiques et morales, tandis que la différence de milieu social sculpte les corps, souligne la sociologue Rose-Marie Lagrave. La mort prématurée à 60 ans est plus fréquente chez les ouvriers que chez les professions intellectuelles, qui vivent plus longtemps. » Ainsi, parmi les 5 % les plus aisés, l'espérance de vie à la naissance des hommes est de 84,4 ans, contre 71,7 ans parmi les 5 % les plus pauvres, soit treize ans d'écart, selon l'Insee. Chez les femmes, cet écart est plus faible : huit ans séparent les plus aisées des plus pauvres (88,3 ans contre 80 ans).

Alors que, toujours selon l'Insee, l'espérance de vie était de 45 ans en 1900 en France – on était alors vieux, et vieille, à 30 ans –, beaucoup d'enfants nés aujourd'hui dépasseront les cent ans : les sociétés occidentales basculent vers le vieillissement démographique. « Pourtant, malgré cette mutation majeure, l'idée que la valeur d'un être humain

9 Grasset, 2020.

10 Lire à ce propos : Roseann Lake, *Casse-tête à la chinoise : mari ou carrière ? Le dilemme des femmes de l'Empire du Milieu*, Éditions François Bourin, 2019.

réside dans sa jeunesse reste prédominante », souligne Estella Tincknell, professeure spécialiste des études culturelles et des médias à l'Université de l'Ouest de l'Angleterre (UWE), à Bristol. Elle a tant à dire sur le sujet qu'elle parle avec un débit de mitraillette. « L'adolescence est considérée comme le moment clé de la vie, le summum qui définira l'identité de l'individu : en témoignent ces sexagénaires qui se disent encore punks, comme lorsqu'ils étaient au lycée. La résistance sociale au vieillissement est phénoménale. »

Comme l'espérance de vie a considérablement augmenté, notamment l'espérance de vie en bonne santé, il devient difficile de découper l'existence en trois périodes distinctes, comme on le faisait jusqu'ici : enfance (apprentissage), âge adulte (travail), vieillesse (retraite). Depuis la moitié du XXe siècle, ces trois phases se sont allongées. L'enfance se poursuit avec l'adolescence. La vieillesse peut désormais être scindée entre le troisième âge et le quatrième âge. L'âge adulte dure lui aussi plus longtemps, et cela a d'innombrables conséquences, sur le couple comme dans le milieu professionnel : les carrières sont plus longues et fragmentées, il est possible d'avoir plusieurs métiers dans une vie parce que celle-ci est suffisamment longue pour le permettre – à condition de pouvoir se former tout au long de l'existence, ce qui reste parfois difficile en France.

Qu'est-ce que cela signifie d'un point de vue sociétal ? Comment faut-il repenser ces catégories d'âge ? En quoi cette redéfinition est-elle susceptible de secouer nos normes, et notamment le système de protection sociale, de formation et de retraite tel que nous l'avons construit après-guerre, lorsqu'on mourait bien plus jeune ? Des sociologues, démographes et économistes se penchent sur ces questions depuis plusieurs années. Au Japon, on parle désormais de *young old*, les « jeunes vieux », pour évoquer la tranche des 65-75 ans. Le sociologue français Serge Guérin, lui, a forgé le concept de « quincados » pour désigner les quinquagénaires (plutôt aisés) en pleine forme, dynamiques, redoublant de projets et qui, se considérant comme encore très loin de la fin, mènent une vie plus proche de celle de leurs enfants que de celle de leurs parents.

Quincados : cette expression est plus séduisante aux oreilles des concernés que celle de « papys boomers ». Toujours revenir à l'adolescence. Comme s'il fallait gommer les années, les enfants – et plus encore les petits-enfants –, pour mieux souscrire au mythe de l'éternelle jeunesse.

Pour compliquer encore un peu le tout, la définition de la vieillesse varie aussi selon l'endroit duquel on la considère depuis l'échelle de l'âge : à 17 ans, toute personne âgée de plus de 30 ans paraît vieille. À 30 ans, on repousse la barrière à 45 ans. À 45 ans, on la place à 65, et ainsi de suite. « Vieillir, c'est repousser encore et encore ce cap pour refuser de le franchir », résume Sylvie, sexagénaire.

La vieillesse est non seulement relative, mais également subjective : les matins d'intense fatigue ou d'abattement moral, n'importe qui se sent vieux, tandis que les aubes ensoleillées de printemps sont un bain de jouvence. « L'âge et la vieillesse sont deux choses différentes : la seconde est le visage social du premier », souligne avec justesse Rose-Marie Lagrave, qui précise : « Les statistiques et les politiques publiques ont construit des catégories sur l'âge, catégories à partir desquelles les individus sont autorisés, ou non, à faire certaines choses : école à partir de 3 ans, majorité à 18 ans, interdiction de travailler au-delà de 65 ans, ou alors sous certaines conditions. Il s'agit d'une biopolitique qui façonne et fabrique les âges, qui met les citoyens dans des cases. »

Jeunes-vieux, quincados, la vieillesse comme visage social de l'âge, biopolitique... Si l'on ajoute à cela le politiquement correct et le déni, on finit par ne plus savoir de quoi ni de qui l'on parle. Alors, être vieille, prendre de l'âge, qu'est-ce que cela signifie, au fond, lorsqu'on est une femme ? Posons la question à quelques-unes d'entre elles, d'horizons variés, anonymes ou non.

Sylvie, journaliste, 64 ans :

Vieillir, c'est une question à soi et pour soi. Longtemps, l'âge de 50 ans m'a semblé vieux. Quand j'étais jeune, j'ai été traumatisée par une carte que mes parents avaient reçue : on y voyait un toboggan en haut duquel était écrit « 50 ans », et dont la descente glissait vers la mort.

On devient vieux, je crois, lorsqu'on voit ses amis mourir. Ma meilleure amie est morte à 60 ans, il y a cinq ans. Depuis, j'ai un peu moins peur de la mort. J'envisage même de prendre une convention obsèques ! Pourquoi pas ? Et depuis deux ans, je paie ma cotisation à l'ADMD, l'Association pour le droit de mourir dans la dignité. Vieillir, ce sont des choses comme ça. Pendant les apéros entre amis de la même génération, il y a désormais un chapitre santé, où l'on fait le point sur celle des uns et des autres. Au golf, les partenaires sont de plus en plus nombreux à avoir mal quelque part, et l'on a soi-même plus de difficultés à se mettre à quatre pattes pour bouger des meubles.

Ma fille a 29 ans. Elle a quitté la maison tard, mon fils aussi. L'autre jour, il nous a invités à dîner chez lui pour la première fois : j'ai eu la sensation de devenir mes parents! J'ai senti ce basculement, d'une génération à l'autre. Lorsqu'on vieillit, le bonheur des enfants devient primordial. Je suis heureuse que les miens aillent bien.

Carole, agente commerciale, 55 ans :

Vieillir, c'est avoir toujours 20 ans dans sa tête et sursauter chaque fois que l'on aperçoit la vieille peau dans le miroir. C'est moi, celle-là ? Je suis blonde, plutôt du genre volubile : je ne l'ai jamais cherché, mais les hommes de tous les âges se sont toujours retournés pour me mater – disons les choses telles qu'elles sont. La blondeur rend certains mecs un peu mabouls, ils s'autorisent des commentaires que jamais ils n'oseraient sortir à une brune. Comme si les blondes étaient forcément plus accessibles, davantage dans la séduction. Mais désormais, la blondeur joue moins. Les hommes de moins de 60 ans ne me regardent plus. Leur indifférence est mon vieillissement.

Mireille, retraitée, 67 ans :

J'ai 67 ans depuis deux mois. Je n'ai jamais été aussi susceptible que depuis que je constate que je fais partie des vieux. Certaines voies se ferment. Être vieux ne se décrète pas. On l'est lorsqu'on perd de l'autonomie et que la dépendance s'installe, que l'on n'est plus en capacité de vivre sans aide extérieure. Par exemple, je suis partie en vacances à la montagne, à un endroit où nous allions en famille avec les enfants il y a plus de 40 ans. J'ai décidé d'atteindre un lac en altitude. J'avais le souffle court, l'effort était rude. Les pauses étaient nécessaires et assez fréquentes, on a pique-niqué avant l'arrivée au sommet… Mais je n'avais jamais autant admiré la nature. Le lendemain, je suis allée visiter un musée, au calme. Il y a quarante ans, j'aurais repris les sentiers sans hésiter : là, j'ai constaté que j'avais vieilli.

Mais je ne suis pas vieille, je peux encore faire des projets comme à 25 ans ! Je dois juste les adapter à mes capacités. Finalement, je dirais que vieillir, c'est vivre. Et vivre, c'est vieillir.

Christine Janin, alpiniste, première Française à avoir escaladé l'Everest, 63 ans :

Plus on vieillit, plus le temps et les années passent vite. Autant dire qu'il faut en profiter et suivre son instinct : partir quand une situation fait mal et, surtout, prendre soin de soi plutôt que de tomber malade. Il faut écouter son corps : il sait ce qui est bon.

Fatoumata, assistante maternelle, 56 ans :

Vieillir, c'est avoir plus de temps pour moi le week-end, parce que mes enfants sont désormais assez grands pour s'occuper d'eux-mêmes. C'est aussi avoir le souffle plus court, souffrir d'un mal de dos. Et puis, c'est la peur qu'on me prenne pour un pigeon. Je suis ivoirienne, mon français n'est pas parfait, donc on me prend parfois pour une idiote – dans les magasins, dans l'administration. Et ça devient pire avec les années : je vais devenir une vieille idiote aux yeux de certains, et c'est dur à supporter.

Loretta, vendeuse, 57 ans :

J'ai compris que je basculais dans le clan des vieilles quand j'ai reconnu, dans le regard de nos clientes de moins de 30 ans, ce léger dédain avec lequel je toisais ma propre mère autrefois. Ce haussement de sourcil de la jeunette estimant que, puisque vous êtes derrière une caisse, vous avez raté votre vie alors qu'elle, elle a encore le temps de réussir la sienne. C'est douloureux.
Mais une part de moi s'en fiche royalement. Je n'ai peut-être pas eu de prix Nobel, mais je n'ai plus rien à prouver. Je suis séparée depuis peu, ma fille est partie pour suivre ses études : lorsque je rentre chez moi le soir, c'est la paix royale. Je n'ai à cuisiner pour personne, je peux regarder des séries toute la nuit, je prends des cours de chant en ligne... À 30 ans, j'étais bourrée de complexes. Maintenant, je sais qui je suis, et j'emmerde le monde.

Bernadette, responsable de médiathèque, 60 ans :

J'ai envie de dire : il n'y a pas d'âge pour être vieux ! C'est insensé comme réponse, mais tout se passe dans la tête, même si les apparences du vieillissement marquent le corps. Si on a un moral d'acier, on fait avec et on continue à vivre sa vie comme on veut, à faire des projets. C'est essentiel : avoir une vie sociale. Mais on fait surtout en fonction de l'état de santé, et ça, ça peut être désespérant, anéantir votre moral. Entre vouloir et pouvoir...

J'ai lu récemment dans *Les Gratitudes* de Delphine de Vigan que vieillir, c'est passer son temps à perdre des choses. On perd la vue, l'ouïe, de la souplesse, des muscles, de l'autonomie, le sommeil, la tête parfois... Certaines choses sont inéluctables, on est obligé de les accepter mais ce n'est pas toujours facile de voir son corps se dégrader, sa peau se flétrir. Oublier les mots, perdre la mémoire, cela m'arrive parfois, comme ce matin : je ne me souvenais plus du code des ordinateurs accessibles au public que l'on n'avait pas allumés depuis quatre mois ! Je me dis que c'est lié à la fatigue pour me rassurer, mais si c'était le début d'autre chose ?

Vieillir, c'est regarder ses enfants vivre leur vie et se dire : moi aussi, j'aimerais recommencer. Il y a une certaine mélancolie. L'angoisse, aussi, de ne pas savoir, comment on va vraiment finir : en gardant toute sa tête ou en devenant sénile ? Surtout, ne pas finir en maison de retraite, ça me fait peur, terriblement.

Je fais partie des femmes qui ressentent un décalage entre leur âge réel et l'âge ressenti. Ç'a toujours été comme ça. Quand j'ai eu ma première fille, je la regardais et je me disais : j'ai 20 ans et j'ai déjà une belle petite fille. Sauf que j'avais 30 ans ! C'est dans la tête, je crois, il faut être debout quoi qu'il arrive, ne pas se laisser dériver, être là pour les enfants, être dans l'action, aimer rire et s'amuser dans son couple aussi – il faut que cela soit réciproque, bien entendu.

Autour de moi, on me dit toujours que je ne fais pas mon âge. Cela fait plaisir, c'est vrai. Mais je ne l'explique pas vraiment. J'ai souvent en mémoire des choses de mon passé, des rencontres, les vacances avec mes parents, nos différentes maisons, les anciens flirts... Peut-être une certaine nostalgie qui aide à ne pas vieillir ? On se souvient et on en rigole.

Mai, masseuse, 56 ans :

Prendre de l'âge, c'est gagner une place plus importante dans ma famille. Je ne suis plus la jeune mère à qui l'on dit comment faire. Je deviens celle qui donne des conseils aux plus jeunes. Certains jours, cela me plaît, j'essaie d'être dans la bienveillance. D'autres, ça m'horripile. J'ai peur de devenir une affreuse donneuse de leçons !

Béatrice Copper-Royer, psychologue-clinicienne spécialisée dans l'enfance et l'adolescence, 68 ans :

Le plus troublant est le décalage entre le corps et l'esprit. Le corps envoie des rappels, on est plus fatiguée. Mais rien n'a changé dans la tête, ou si peu. Les enfants vieillissent aussi, et cela nous renvoie inévitablement à notre âge. J'ai eu un fils à 21 ans, il a aujourd'hui 47 ans, c'est bientôt un homme mûr. C'est effrayant d'avoir un fils de 47 ans !

Rose-Marie Lagrave, sociologue, 76 ans :

Je suis vieille, oui, et je revendique ce mot. La vieillesse, c'est d'abord le regard des autres. Je l'ai compris quand j'ai réalisé que le regard des autres me situait dans un ailleurs où moi-même, je ne me situais pas. On devient passe-muraille. Les vieilles deviennent invisibles, sauf lorsqu'elles se situent à deux extrêmes : l'hyper-excentricité façon Brigitte Fontaine, ou l'hyper-résistance à l'âge, façon Jane Fonda, grâce à divers artifices. Ces deux extrêmes dérangent ou fascinent car ils déjouent la normalité.

Geneviève de Fontenay, ancienne présidente du comité Miss France, 89 ans :

Vieillir, c'est penser à la mort : je sais que je vais finir dans la tombe, j'ai l'angoisse de la disparition, car je ne crois en rien. Trois de mes neuf frères et sœurs sont entrés dans la vie religieuse : pas moi !

Pour tromper mon angoisse de la mort, je m'occupe, je réponds aux interviews, je vais au contact des gens : c'est ma nourriture. J'ai un gros capital sympathie : les personnes de toutes les conditions me saluent dans la rue. J'ai le sentiment que j'aurai laissé quelque chose.

Catherine Millet, critique d'art et autrice, 73 ans :

Prendre de l'âge, c'est être plus exigeante avec le désir. À 25 ans, j'avais un côté chien fou. Je voulais tout essayer, tester toutes les relations. Avec les années, le désir doit être vraiment très fort pour qu'une relation aboutisse, avec une plus grande attention au comportement de l'autre. Avec l'âge, je suis devenue plus consciente qu'une partie de ma séduction naît de ma position d'autorité. Plus on est regardée socialement, plus on est désirée.
Aujourd'hui, à 73 ans, j'ai le sentiment d'être arrivée à l'âge où l'on ne fait plus tout à fait partie des contemporains, comme disait Claude Lanzmann. Où l'on représente un bout d'histoire. Je le ressens auprès des jeunes avec qui je travaille, lorsqu'ils me demandent conseil : je porte la mémoire de l'art des années 1970-1990. J'ai plus d'amies femmes qu'autrefois, souvent plus jeunes. Elles voient en moi une référence, quelque chose de l'ordre de la transmission, même si je n'aime pas ce mot. Ce changement de statut me plaît.

Dans ces témoignages, comme dans ceux cités plus loin, cinq éléments reviennent avec récurrence dans la définition de l'avancée en âge. Le premier est, bien sûr, la transformation du corps et le déclin de certaines capacités. Le second est le décès des proches – parents, amis, frères ou sœurs –, imposant des réflexions sur la mort, avec leur lot d'angoisses. Le troisième est la liberté que recouvrent certaines femmes, une fois détachées des contraintes familiales. Le quatrième est le regard de l'autre : l'œil rappelant l'âge, parfois avec brutalité, quand il ne se contente pas de glisser sur la femme devenue « passe-muraille ». Enfin, le vieillissement se traduit aussi par une certaine ambivalence, et parfois même une relative confusion, à l'égard de l'âge. « Je me sens infiniment mieux qu'à vingt ans, je détesterais retrouver le brouillard et la confusion dans lesquels je me noyais à l'époque, confie ainsi Marie, 55 ans. En même temps, j'ai l'impression d'avoir 20 ans dans un corps de 55 ans. » Elle réfléchit un instant et, pour tenter d'apporter un peu de cohérence à ses propos, ajoute : « Vieillir, en somme, c'est tout et son contraire, ça dépend des périodes. »

« Je vous parle depuis ma maison du Poitou, où j'ai grandi : je me revois jouer à la dînette chez les voisins, raconte Sylvie, avec une certaine nostalgie. Ce souvenir est encore très présent, comme si c'était hier, alors qu'il date de plus de cinquante ans. Je suis encore cette petite fille, mais je suis aussi la femme d'aujourd'hui. »

Dans son essai sur la vieillesse, Laure Adler écrit : « Je veux penser mon âge mais en même temps plusieurs âges cohabitent dans le même instant : je suis enfant quand, à quatre pattes avec mon petit-fils, je joue aux Lego, je suis ado lorsqu'à la radio un tube de Johnny me donne envie de danser, je suis toujours étudiante quand je m'installe pendant des heures dans une bibliothèque à la recherche d'archives inédites. »

Voilà qui fait écho aux propos de Victor Hugo : « Le privilège de la vieillesse, c'est d'avoir tous les âges. » Un privilège pour lui, certainement. Reste qu'autour de 50 ans, à peu près au moment où la ménopause intervient, les femmes expérimentent une dévalorisation sociale parfois violente. Elles franchissent cette période pivot où elles voient leurs parents entrer dans le quatrième âge, tandis que leurs enfants sortent de l'adolescence ou entament leurs études. Un cap où le regard des autres bascule et les renvoie à un entre-deux désagréable et mal défini. Une zone trouble où leurs tempes grisonnent, où leurs vêtements tombent un peu moins bien sur leurs hanches, où la fameuse cape d'invisibilité, doucement, les recouvre.

« Le souci anxieux de vouloir conserver l'apparence de l'extrême jeunesse a pour effet de polariser les catégories de "jeunes" et de "vieilles" », écrit Mona Chollet dans *Sorcières. La puissance invaincue des femmes*[11]. La réalité, au fond, est moins poétique que celle décrite par Victor Hugo : sommées de ressembler à leurs filles, de chasser rides et traces des années, les quinquagénaires entrent dans l'âge flou. Elles peinent parfois à trouver leur place. Elles ne font plus partie des petites nouvelles débarquant dans une entreprise ou dans un groupe d'amis, comme l'expérimentent encore les vingt-trentenaires. Elles n'ont guère envie d'endosser le rôle d'aînée, déjà tenu par celles de 60 et 70 ans. Elles vibrent encore d'une énergie folle, mais différente de celle de leurs vingt ans – parfois plus intense encore.

Quelle est la nature de cette zone grise ? A-t-elle toujours existé ? Est-elle universelle ? Les historiens, sociologues, psychologues estiment que cette invisibilisation est en grande partie liée à la ménopause, et donc à la fin de la fertilité. N'étant plus en âge de procréer, la femme perdrait son utilité sociale. Ce genre de constat a de quoi faire bondir :

---

11 La Découverte, coll. « Zones », 2018.

plus de quarante ans après la légalisation de l'avortement et de la contraception, sexualité et enfantement ne sont plus systématiquement liés depuis un moment déjà ! Désormais, les femmes contrôlent leur fertilité et peuvent la suspendre si et quand cela leur chante.

Faut-il que nos représentations évoluent si lentement, que notre inconscient, la société et ses normes soient figés par des conservatismes puissants pour qu'en 2021 on estime encore que le corps des femmes est périmé lorsque les règles ne viennent plus ? « Hélas, oui, l'inconscient, la façon dont les femmes et les hommes se pensent sans toujours le formuler, n'évolue que très lentement », note la psychanalyste Odile Chabrillac. Et sa consœur Catherine Grangeard d'ajouter : « Quelques décennies de combats féministes pèsent encore peu face à des millénaires de patriarcat. »

On parle de l'inconscient, mais les réflexes patriarcaux ne relèvent pas toujours du non-dit ou de l'acte manqué. Ils sont parfois parfaitement assumés comme tels. En particulier lorsqu'ils se manifestent à propos de la maternité. Je n'ai pas encore atteint l'âge flou, je n'ai plus celui où l'on me prenait pour la stagiaire fraîchement débarquée, et pourtant... Il y a quelques mois, lors d'un sommet où de nombreux économistes de haut vol présentaient leurs travaux sur la croissance et les inégalités, un expert fort réputé m'a demandé mon âge, à l'issue d'une interview. « 37 ans. » Son regard a glissé rapidement sur mon visage, puis il m'a dit : « Je vous imaginais plus jeune. » Il s'est raclé la gorge pour ajouter, avec paternalisme : « Vous travaillez beaucoup, vous avez un beau poste, mais permettez-moi un petit conseil :

ne traînez pas trop à faire des enfants, tout de même. Vous savez ce qu'on dit de l'horloge biologique. »

Tandis qu'il s'éloignait, je suis restée clouée sur place. Il ne se serait jamais permis d'infliger ce « petit conseil » à un confrère masculin de mon âge. Cela ne lui aurait même pas traversé l'esprit.

2. CACHEZ CETTE VIEILLE QUE JE NE SAURAIS VOIR

Alors, tu t'es bien amusée ?
– Comme ça.
– T'as vu le métro ?
– Non.
– Alors qu'est-ce que t'as fait ?
– J'ai vieilli.

Raymond Queneau, *Zazie dans le métro*, 1959

L'impossible histoire de la vieillesse

Connaissez-vous l'Autrichienne Alma Mahler (1879-1964) et l'Allemande Fanny Mendelssohn (1805-1847) ? La première était une ambitieuse peintre et musicienne, contrainte de renoncer à ses aspirations artistiques lorsqu'elle épousa le compositeur Gustav Mahler. La seconde se révéla, très jeune, douée pour la musique et le piano. Las, son père et son frère, le compositeur Felix, le seul que l'histoire retiendra, s'employèrent à étouffer son talent. La musique serait la vie de son cadet, pas la sienne. « Pour toi, elle doit seulement rester un agrément mais jamais la base de ton existence et de tes actes[1] », lui intima son paternel lorsqu'elle

1 Lettre d'Abraham Mendelssohn à sa fille Fanny, 16 juillet 1820, citée par Carol Neuls-Bates dans *Women In Music. An Anthology of Source Readings from the Middle Ages to the Present*, Northeastern University Press, 1995.

avait 15 ans. « L'encourager à publier quoi que ce soit, je ne le puis[2] », abondait Felix.

Par chance, l'époux de Fanny, le peintre Wilhelm Hensel, était moins obtus que les deux hommes. Il l'encouragea à publier ses œuvres : elle composa plus de vingt poèmes chantés (des *lieder*) pour soprano et piano, ainsi qu'une centaine de pièces pour piano solo. Hector Berlioz et Charles Gounod eux-mêmes furent éblouis par son talent. Mais elle mourut prématurément, à 41 ans, et sombra dans l'oubli.

Saviez-vous qu'Anna Maria Mozart, la sœur de Wolfgang Amadeus, était elle aussi une enfant prodige de la musique ? Douée pour le clavecin et le piano-forte, son talent fut très tôt reconnu. Son père n'hésita d'ailleurs pas à l'exploiter sur les scènes d'Europe. Seulement voilà : pour les femmes de l'époque, il était impossible de faire carrière dans la musique. Comme Anna Maria ne pouvait conserver éternellement le statut d'enfant prodige – maudite soit l'adolescence –, ses parents lui ordonnèrent de se marier, comme le voulait l'usage. Elle céda la place et la scène à son frère, et s'effaça, au sens propre comme au figuré : personne n'a retrouvé trace des pièces qu'elle avait écrites.

Saviez-vous que la technologie à l'origine de la téléphonie mobile et du wifi a été inventée par une femme, Hedy Lamarr ? Connaissez-vous Alice Guy, pionnière du cinéma mondial, éclipsée par les frères Lumière ? Rosalind Franklin, la biologiste qui a été la première à formuler la structure hélicoïdale de l'ADN ? L'astrophysicienne britannique

2 Lettre de Felix Mendelssohn à sa mère, 2 juin 1837, *ibid.*

Jocelyn Bell, qui a découvert le premier pulsar, en 1974 – réussite pour laquelle son directeur de thèse, Antony Hewish, lui chipa le prix Nobel ?

Si ces figures sont largement moins connues que leurs homologues masculins, c'est parce que l'histoire a un problème avec les femmes. Elle est constituée à la fois des événements passés et du récit que l'on en fait, comme le rappelle l'historienne Michelle Perrot. Ce qui la rend triplement imprécise et subjective : elle dépend des sources relatant les faits passés, de l'identité des auteurs de ces sources (leur classe, leur dessein, leur genre, les normes de leur époque...), mais aussi de l'identité de ceux qui en feront le récit : les historiens.

Or, jusqu'à une période récente, ces derniers étaient des hommes, bien souvent prisonniers d'une vision binaire et tronquée du monde, les conduisant à minorer, laisser de côté, oublier voire radier les femmes, c'est-à-dire la moitié de l'humanité. Cet « oubli » fut rarement le fruit d'un désir délibéré et machiavélique d'effacer leur contribution, ou d'un complot masculin visant à se tailler la part du lion dans le grand récit du monde. Le plus souvent, les historiens n'ont tout simplement pas pensé à elles. Ils n'ont pas écrit sur les femmes parce qu'à leurs yeux elles ne comptaient pas. Comment mettre en mots ce que l'on considère comme insignifiant ?

Le biais de confirmation a également joué à plein : convaincus que les hommes dirigeaient, décidaient, créaient, inventaient, les historiens ne cherchaient pas, dans les sources (souvent d'origine masculine, elles aussi), des éléments susceptibles d'établir le contraire. «Les femmes étaient assurément présentes au premier niveau, personne ne le conteste, même si on n'en parle pas. Mais elles disparaissent au second, celui du récit», résume Michelle Perrot, en préface de l'ouvrage *Ni vues, ni connues*[3] du collectif Georgette Sand.

On parle des historiens, mais il en va de même avec les autres disciplines longtemps dominées par les hommes. Les archéologues du XIXe et du début du XXe siècle, conditionnés par leur époque, ont ainsi servi une vision patriarcale de leur champ d'étude. Ne leur jetons pas la pierre : nous sommes tous prisonniers de nos représentations – même avec les meilleures intentions, nul n'est en mesure de s'en libérer complètement. Puisque les femmes jouaient un rôle secondaire à leur époque, ils ont supposé que les sociétés antiques, qu'ils imaginaient forcément moins évoluées, appliquaient une division des rôles sociaux en fonction des sexes plus stricte encore. Ils ont analysé leurs découvertes avec ces œillères et ont délivré des interprétations au mieux anachroniques, au pire fantasmagoriques.

Longtemps, ils ont raconté un peu n'importe quoi.

Le documentaire *Le guerrier était une femme – une archéologie des sexes*[4], de Birgit Tanner et Carsten Gutschmidt, en est une belle illustration. Grâce aux nouvelles technologies – analyses ADN, reconstitutions en 3D –, une série de

---

3 Collectif Georgette Sand, *Ni vues, ni connues. Panthéon, Histoire, mémoire : où sont les femmes ?* Hugo Doc, 2017.

4 Diffusé en mars 2020 sur Arte.

chercheurs font tomber une à une les erreurs d'interprétation du passé, tout en tentant de mieux comprendre les processus qui ont conduit à la discrimination des femmes au fil des millénaires. Car ces discriminations sont une construction sociale, en partie liée (mais pas seulement) à l'une des plus grandes révolutions de l'histoire de l'humanité : la sédentarisation. Ainsi, chez les chasseurs-cueilleurs, les femmes et les hommes étaient à peu près de même corpulence, ils chassaient et cueillaient ensemble, loin du cliché voulant que les premières soient cantonnées à la délicate récolte des airelles tandis que les seconds tuaient le bison à coups de flèches affûtées, tout en poussant des grognements virils. Au passage, l'analyse de la forme des mains sur les peintures rupestres révèle que leurs auteurs étaient majoritairement des femmes, alors qu'on les a longtemps attribuées à des hommes.

À l'époque, le temps était particulièrement instable, si bien que les communautés humaines survivaient en se déplaçant. Puis, il y a 12 000 ans, le climat se stabilisa, se réchauffa : l'holocène succéda à l'ère glaciaire. Cela eut une conséquence majeure : peu à peu, il fut possible de prévoir l'alternance des saisons, de planifier des récoltes, et finalement de développer l'agriculture et l'élevage. Les humains se sédentarisèrent.

Des archéologues, parmi lesquels Kate Pechenkina, ont découvert que les os d'êtres humains se nourrissant d'un régime riche en viande contiennent de l'azote, tandis que ceux d'individus au régime porté sur les légumes renferment plus de carbone. Or l'analyse des squelettes datés d'à partir de l'âge de bronze montre que, dès 4000 avant J.-C., seuls les hommes mangeaient de la viande, tandis que les femmes s'alimentaient presque exclusivement de céréales et de végétaux. Résultat : au fil des générations, elles sont devenues plus petites que les hommes.

Pendant ce temps, la sédentarisation bouscule les rapports entre groupes humains. Ceux-ci bâtissent des villages. Ils cultivent, élèvent ; tirent subsistance de leur terre au prix d'un exténuant labeur. Dès lors que leurs champs se révèlent fertiles, ils attisent les convoitises. Parfois, des conflits éclatent : défendre son lopin de terre s'impose. Pour ce faire, la force physique devient un avantage comparatif non négligeable. Ceux dont les dispositions corporelles et les muscles permettent de se battre acquièrent un statut privilégié.

Et les femmes ? Les travaux de l'archéologue Katharina Rebay-Salisbury établissent qu'en raison de la sédentarisation les grossesses se multiplient – et, avec elles, les charges domestiques pesant sur les femmes. L'étude de la forme des bassins féminins d'il y a 3 000 ans et de leur évolution révèle ainsi que les ligaments se sont étirés, attestant du nombre de plus en plus élevé d'enfants portés au cours d'une vie, à un âge de plus en plus jeune. Ce n'est pas tout : grâce au lait de vache, de chèvre et aux céréales bouillies, les femmes n'ont plus à allaiter leurs rejetons durant trois ou quatre ans, comme du temps des chasseurs-cueilleurs. La période de l'allaitement se raccourcit, ce qui permet de réduire encore l'écart entre les grossesses. Ainsi, dès l'âge de bronze, la sédentarisation a accentué la division des tâches selon les genres.

Pour autant, d'autres modèles, en d'autres lieux, ont toujours subsisté, dans une variété bien plus importante que celle que l'on se figure. Le documentaire de Birgit Tanner et Carsten Gutschmidt s'ouvre ainsi sur le site funéraire découvert en 1889 à Birka, l'une des premières villes suédoises fondées à l'ère viking. L'endroit contenait pléthore de flèches, d'arcs, épées, armes, armures : l'attirail d'un redoutable guerrier, conclurent les archéologues de la fin du XIXe siècle. L'archétype du Viking sanguinaire et sans pitié. Mais il y a quelques années, l'université de Stockholm s'est de nouveau intéressée aux restes du combattant enterré à Birka avec moult honneurs. Les chercheurs ont analysé son ADN et découvert qu'en vérité il s'agissait... d'une femme. Ce qui confirme que les Vikings comptaient aussi des guerrières.

C'est dire si nos livres d'histoire sont encore bourrés d'idées reçues. Parmi celles-ci, le mythe d'une société matriarcale antique et initiale, où le pouvoir et l'organisation sociale auraient été orchestrés par les femmes, a fait long feu. Si l'archéologie revisitée apporte quelque chose, ce n'est pas de remplacer une domination par une autre. Elle enseigne que les sexes étaient, à l'origine, plus égaux qu'on ne le pensait. Et surtout, que de nombreuses formes d'organisations humaines ont cohabité, tantôt matrilocales (les femmes restent dans leur groupe de naissance, tandis les jeunes hommes partent à l'adolescence), ou plus souvent patrilocales (l'inverse), et dont la diversité est encore mal connue.

L'écueil serait, bien sûr, d'idéaliser un supposé âge d'or des chasseurs-cueilleurs. Car tout n'était pas rose chez eux non plus. Dans son passionnant ouvrage *Et l'évolution créa la femme*[5], le paléoanthropologue Pascal Picq souligne que les mâles humains sont parmi les primates les plus violents à l'égard de l'autre sexe. Cela tient en partie au fait que nos nouveau-nés nécessitent des soins durant de longues années, bien plus que chez n'importe quel autre primate, soins prodigués par les mères. Voilà pourquoi les enjeux de contrôle et de coercition se sont cristallisés autour des femmes, ressources précieuses pour assurer l'avenir. En particulier à partir du néolithique et de la sédentarisation. Pascal Picq en tire une conclusion surprenante : l'origine des inégalités n'est pas tant la production et l'appropriation des richesses (n'en déplaise à Karl Marx), facteurs certes aggravants, que le contrôle des femmes : « Les autres formes d'esclavage et d'exploitation des groupes sociaux en ont ensuite découlé. » Nous n'en sommes toujours pas sortis.

Pourquoi ce long détour par l'âge de bronze, les Vikings et les œillères des archéologues d'autrefois, pensez-vous ? S'il est difficile d'établir l'histoire des femmes dans sa complexité et sa diversité, esquisser une histoire des vieilles est plus délicat encore. D'abord, parce que la variation de l'espérance de vie selon les lieux et les époques complique toute définition universelle et unanime de la vieillesse. En outre, les sources sont ténues. « Les études historiques ne prêtent pas attention à l'âge des femmes – ni à celui des hommes d'ailleurs. Quel âge avait de Gaulle le 18 juin 1940 ? On peut certes trouver l'information, mais on n'écrit pas : "Le 18 juin 1940, Charles de Gaulle, alors âgé de 49 ans" »,

5 Odile Jacob, 2020.

souligne, non sans humour, Béatrice Craig, historienne et professeure au département d'histoire de l'université d'Ottawa.

Simone de Beauvoir notait elle aussi la difficulté de dresser une histoire de la vieillesse. « Le vieillard, en tant que catégorie sociale, n'est jamais intervenu dans le cours du monde », écrit-elle. Si l'on parle régulièrement de révoltes de la jeunesse, celle des vieux ne s'est jamais manifestée. « N'étant pas un agent de l'histoire, le vieillard n'intéresse pas, on ne prend pas la peine de l'étudier dans sa vérité. Et même, il y a dans la société une consigne qui est de le passer sous silence. »[6]

La philosophe se penche malgré tout, dans son essai, sur le traitement réservé aux vieux et aux vieilles à travers le temps. Elle souligne l'ambivalence des sociétés primitives : s'il est vénéré lorsqu'il est robuste, le vieux y est mis à l'écart lorsqu'il devient impotent. Il est soit le sage à qui l'on prête des pouvoirs, soit le squelette ambulant dont il faut se débarrasser. Dans les deux cas, il n'appartient plus complètement à la condition humaine.

Jusqu'au XIXe siècle, les vieillards sont trop rares pour être objets d'intérêt. « Un autre fait saute aux yeux : il s'agit là d'un problème d'homme, analyse Beauvoir. En tant qu'expérience personnelle, la vieillesse concerne autant les femmes et même davantage puisqu'elles vivent plus longtemps. Mais quand on en fait un objet de spéculation, on considère essentiellement la condition des mâles. D'abord, parce que ce sont eux qui s'expriment dans les

---

6 Simone de Beauvoir, *La Vieillesse*, *op. cit.*

codes, les légendes et les livres ; mais surtout parce que la querelle du pouvoir n'intéresse que le sexe fort. [...] Les sociétés qui ont une histoire sont dominées par les hommes ; les femmes jeunes et vieilles peuvent bien dans la vie privée se disputer l'autorité ; dans la vie publique, leur statut est identique : d'éternelles mineures. »

Dans la littérature médiévale, dans les contes, la vieille, « que sa féminité rend déjà suspecte », est en général une créature maléfique. La misogynie de l'époque lui prête un visage hideux, elle est le monstre tentant la jeune innocente pour lui voler sa substance. On la chasse dans les campagnes, on la craint : elle est la sorcière vile et dangereuse.

À la Renaissance, lorsque le culte du corps de la femme jeune est à son apogée dans les arts, la vieille femme inspire un dégoût d'autant plus profond. « Ces femmes décrépites, ces cadavres ambulants, ces carcasses infectes qui exhalent partout une odeur sépulcrale et qui cependant s'écrient à chaque instant : “rien n'est si doux que la vie” », écrit ainsi Érasme dans son *Éloge de la folie*. Le philosophe, semble-t-il, excluait le sexe faible de son humanisme. « Tantôt elles montrent leurs mamelles flasques et dégoûtantes, tantôt elles tâchent de réveiller la vigueur de leurs amants par les glapissements de leur voix tremblante. » Immonde vieille femme qui a non seulement l'outrecuidance d'être en vie, mais qui, en plus, ose espérer qu'elle en tirera du plaisir ! Un reproche que l'on ne fait jamais aux vieux.

Si dresser une grande histoire des vieilles se révèle compliqué, cela ne signifie pas, bien sûr, que celles-ci n'ont joué aucun rôle majeur dans le passé. Depuis quelques années, dans la lignée de pionnières telles que Michelle Perrot, des historiens, historiennes et autres chercheurs et chercheuses se penchent sur les siècles derniers afin de mettre au jour le rôle réellement tenu par les femmes dans l'histoire. Gail Collins, éditorialiste au *New York Times*, retraçait récemment dans *No Stopping Us Now. The Adventures of Older Women in American History*[7] le parcours parfois chaotique et le statut des femmes « d'un certain âge » au fil de l'histoire des États-Unis – en précisant que, du temps des pionniers, les femmes étaient considérées comme vieilles à 35 ans. Rares étaient celles qui dépassaient le cap des 60 ans. Leur destin collectif – *journey* – est loin d'être linéaire. Au fil des décennies, les vieilles Américaines sont tantôt valorisées, tantôt méprisées. Ainsi, dans la société agraire du XVIIIe siècle, les vieilles (de 40 ans) travaillaient dur à la ferme. Puisqu'elles constituent une main-d'œuvre indispensable face à la pénurie de bras, on les respecte. Mais les grandes migrations urbaines du siècle suivant changent la donne. À la ville, on n'a plus vraiment besoin d'elles : « Elles sont mises à l'écart de la vie sociale américaine », constate Gail Collins, piochant dans les articles de presse pour illustrer son propos.

Un journal de l'époque décrit ainsi les vieilles comme une « abomination putride », tandis que les « vieilles servantes » ont droit aux qualificatifs de « grincheuses, irritables, désagréables, insatisfaites ». En somme : « des créatures bonnes à rien ». On estimait alors que les ménopausées devaient

7 Little, Brown and Company, 2019.

éviter de danser aux fêtes, mais aussi de lire. Craignait-on que les femmes qui lisent soient dangereuses ?

Les vieilles sortent à nouveau des foyers au début du xxe siècle : beaucoup d'entre elles sont notamment engagées dans la branche américaine du mouvement des suffragettes. Mais les Années folles et leur lot de cheveux courts, de fêtes jazzy et d'exaltation de la jeunesse les rendent ringardes. Elles ne collent plus avec l'époque. Elles rappellent bien trop le monde d'avant-guerre : on les ignore.

Ce n'est pas tellement mieux de notre côté de l'Atlantique. Ainsi, à la fin des années 1920, Freud écrit : « C'est un fait connu, et dont les hommes se sont plaints abondamment, que l'étrange modification subie souvent par le caractère des femmes après leur renonciation à la vie génitale. On les voit devenir querelleuses, harcelantes, raisonneuses, mesquines et avares, c'est-à-dire offrir des traits typiques de sadisme et d'érotisme anal qu'on ne leur trouvait pas pendant leur période de féminité[8]. » Charmant. Si, à sa façon, le fondateur de la psychanalyse contribua à l'émancipation des femmes – il fut l'un des premiers à les écouter vraiment –, il était aussi un homme de son époque, furieusement phallocrate.

La crise des années 1930 n'arrange rien : aux États-Unis, la récession est si brutale que prendre un emploi susceptible d'être occupé par un homme est inconcevable. Les vieilles retrouvent néanmoins une « utilité » durant la Seconde Guerre mondiale. Sur les 6 millions d'Américaines

8 Sigmund Freud, « La prédisposition à la névrose obsessionnelle » (trad. Édouard Pichon et Henri Hoesli), *Revue française de psychanalyse*, tome III, n° 3, Doin et Cie, 1929.

qui entrent alors sur le marché du travail pour prendre un emploi rémunéré, 1,5 million ont entre 45 et 65 ans, et 500 000 ont plus de 65 ans. Le pays manque tant de bras que les écoles se résolvent à rappeler les institutrices qui avaient été licenciées du fait de leur mariage. C'est dire si l'heure est grave. Dans l'après-guerre, en dépit des opportunités s'ouvrant à elles, beaucoup de femmes préfèrent rester à la maison pour devenir de parfaites fées du logis. Elles s'occupent des enfants, cuisinent, expérimentent les dernières trouvailles en matière d'électroménager savamment vantées par les *Mad men*, ces publicitaires new-yorkais de Madison Avenue qui les prennent désormais pour cible. « Ma propre mère était de celles-là, elle s'ennuyait à mourir », confie Collins.

Ces avancées et reculs sont incarnés à merveille par le destin des First Ladies. Eleanor Roosevelt a 49 ans lorsque son mari, Franklin Delano, devient président des États-Unis en 1933. À ses côtés, elle joue un rôle politique de premier plan – plus que certains ministres – et influence les mesures prises par son mari dans le cadre du New Deal. Programmes sociaux, droits civiques, statut des femmes : elle donne des conférences de presse, tient des chroniques dans les journaux, soutient la nomination de femmes au gouvernement, comme celle de Frances Perkins au poste de secrétaire au Travail. Elle se déclare favorable à l'engagement de son pays dans la Seconde Guerre mondiale et n'a pas peur de rendre visite aux soldats sur le front. Elle dirige le Bureau de défense civile dès sa création en 1941, mais doit abandonner ses fonctions au bout de cinq mois face aux contestations des Républicains. Après la mort de son époux en 1945, elle devient la première déléguée de son pays auprès de l'Assemblée générale des Nations unies.

Mamie Eisenhower (ce n'est pas un sobriquet: Mamie était vraiment son prénom !), elle, a 57 ans lorsque son mari est élu en 1953. Son profil n'a pas grand-chose à voir avec celui de l'activiste Eleanor: elle incarne l'idéal de la femme au foyer des années 1950. Qu'est-ce que l'histoire retiendra d'elle ? Son sens de l'accueil, ses jolis bijoux, ses belles robes, son souci des économies (on raconte qu'elle découpait des bons de réduction pour le personnel de la Maison-Blanche), ses recettes de gâteaux dont les ménagères américaines raffolaient et, surtout, le *Mamie pink*. C'est-à-dire le rose, sa couleur fétiche: celle de ses robes et d'une bonne partie de son mobilier, notamment celui de la salle de bains de la résidence que le couple possédait à Gettysburg, en Pennsylvanie. Un peu mémère, pas très active: en termes de modèle proposé aux Américaines, Mamie a défait à peu près tout ce qu'Eleanor avait apporté. Mais après tout, Madame Eisenhower était le produit de son époque, celle où le culte de l'épouse-mère-cuisinière-ménagère censée nager dans le bonheur entourée de fourneaux dernier cri et de couches culottes était à son comble.

Les années 1960 puis 1970 voient le taux d'emploi des femmes augmenter. Mais l'essor de la jeunesse et du *flower power* écarte un peu plus encore les vieilles de la scène. Tout change à nouveau dans les années 1990, puis 2000, lorsqu'on découvre que les femmes « mûres » peuvent être sexy. Le vieillissement de la génération du baby-boom rebat les cartes. Collins veut y voir une révolution qui, cette fois, ne se traduira pas par un retour en arrière.

En Europe, le sujet est assez peu documenté. Les travaux de l'écrivaine allemande Hedwig Dohm (1831-1919) offrent néanmoins un témoignage exceptionnel sur le statut des vieilles dans l'Allemagne impériale[9]. Pionnière de l'émancipation féminine, Hedwig Dohm a rédigé en 1903 un pamphlet intitulé « La vieille femme[10] », où elle dénonce avec vigueur la relégation sociale des femmes âgées et les normes les condamnant à une solitude recluse et honteuse. Car le poids de celles-ci est écrasant : les vieilles sont exclues de la vie mondaine, moquées dès qu'elles s'adonnent à un quelconque loisir jugé impropre à leur âge, et ne disposent d'aucun espace où elles seraient susceptibles de s'épanouir.

Elles sont donc « trois fois parias », explique Hedwig Dohm : par leur âge, par leur sexe, mais aussi parce qu'elles ne profitent guère des progrès apportés aux plus jeunes par les premières victoires des mouvements féministes. Pire, cela creuse des abîmes d'incompréhension entre elles et leurs filles, plus indépendantes d'esprit. La raison de cette mise à l'écart, explique Dohm, est que la société imprégnée des valeurs masculines réduit les femmes à leur rôle reproductif. Leur utilité réside dans la séduction et la procréation : au-delà, passé la ménopause, elles ne servent plus à rien.

9 Travaux passés au crible par Agathe Bernier-Monod, maîtresse de conférences en études germaniques à l'université du Havre, dans le passionnant article « "Lève-toi ! Aie le courage de vivre !" Lecture commentée de "La vieille femme" d'Hedwig Dohm, pionnière du féminisme allemand », *Recherches féministes*, 2013, vol. 26, n° 2, *Femmes et vieillissement : nouveaux regards, nouvelles réalités*.

10 « Die alte Frau », *Die Mütter. Ein Beitrag zur Erziehungsfrage*, Berlin, 1903.

Loin de limiter son propos à ce constat, Dohm appelle les vieilles à entrer en résistance. À ne pas subir cette relégation, mais à la choisir. À profiter de leur temps libre pour apprendre. Dans une inspiration empreinte de mysticisme préfigurant l'écoféminisme, elle leur suggère d'explorer leur lien avec la nature pour déployer une spiritualité d'essence presque magique. Pour un peu, on croirait presque lire l'un des manifestes des néo-sorcières fleurissant aujourd'hui en Europe comme aux États-Unis. Dès 1903, la visionnaire Hedwig Dohm avait déjà amorcé cette réflexion.

Si l'on devait retenir les noms de femmes mûres de premier plan à travers l'histoire européenne – car nous avons besoin d'héroïnes –, qui conviendrait-il citer ? Il y a eu quelques reines et régentes, ainsi qu'une poignée de figures hors du commun, comme Hildegarde von Bingen, bénédictine mystique, femme de lettres, naturaliste, médecin et compositrice (1098-1179) morte à 81 ans – soit l'équivalent d'une plus que centenaire de nos jours. Ses chants sont une merveille qui inspire aujourd'hui encore nombre de musiciens. Son genre, comme la longévité de sa carrière, détonne.

Quelques femmes artistes sont de la même trempe qu'Hildegarde. En particulier des peintres, comme Sofonisba Anguissola.

Durant l'été 1624, le jeune peintre Anton van Dyck, de passage à Palerme, frappe à la porte de la vieille artiste. Il y a plusieurs semaines, il lui a soumis une requête, par courrier : il aimerait peindre son portrait. Sofonisba Anguissola a répondu positivement. Elle a alors 90 ans passés. Cela n'a l'air de rien, mais le visage strié de rides et affaissé d'une vieille femme est, à l'époque, l'antithèse du canon de beauté que les artistes cherchent à atteindre sur leur toile. Lorsqu'un peintre a la tâche de portraiturer un sieur âgé, il a pour habitude de tricher avec la réalité : il lui arrange la face, en gommant années et défauts.

Naturellement, Sofonisba Anguissola a envie de paraître à son avantage, elle aussi. Elle indique à van Dyck comment jouer avec la lumière pour atténuer les plis du visage et combler les creux, un peu comme le feront les éclairagistes du cinéma quelques siècles plus tard. Et un peu comme le permettent, depuis quelques années, les logiciels de retouche de rajeunissement numérique (*de-aging*), grâce auxquels Martin Scorsese, notamment, a pu mettre en scène Robert De Niro très jeune, moins jeune, puis très vieux dans son film *The Irishman*. Sur ce portrait, Anguissola paraît bien son âge. Ses joues tombent, une ride profonde creuse un sillon de la commissure de ses lèvres jusqu'à son menton. Mais pour le reste, son front baigné de lumière n'est marqué d'aucun pli. Ses cheveux sont recouverts d'un voile blanc. Son regard pourrait paraître austère s'il n'était pas éclairé par une détermination singulière et fascinante, qui résume à elle seule sa carrière.

Son parcours est exceptionnel à plus d'un titre. D'abord, parce que les femmes peintres étaient rares jusqu'au début du XXe siècle – l'art était une affaire d'hommes, l'accès aux écoles était interdit aux filles. De plus, celles qui accédaient malgré tout au métier, souvent parce que leur père était lui-même artiste, cessaient leur activité après leurs noces. Sofonisba Anguissola, elle, s'est mariée deux fois et a été l'une des premières femmes artistes à bénéficier d'une reconnaissance internationale. Née à Crémone autour de 1532 dans une famille de nobles, elle est l'aînée d'une fratrie de sept enfants. Son père, Amilcare, encourage ses filles à peindre. Sofonisba se révèle douée, mais elle ne peut devenir l'apprentie d'un artiste en raison de son sexe. Pour l'aider, Amilcare joue de ses relations et la place à 14 ans, avec sa sœur, en formation auprès de Bernardino Campi, un peintre d'œuvres religieuses.

À 22 ans, Sofonisba rencontre Michel-Ange, qui lui demande de dessiner un garçon qui pleure. Elle relève le défi haut la main et intitule son tableau *Asdrubale mordu par une écrevisse*. Durant deux ans, elle suit son enseignement de façon informelle. À 26 ans, elle devient portraitiste à la cour de Philippe II d'Espagne et occupe cette charge pendant dix ans. Elle se marie une première fois à 39 ans mais est presque aussitôt veuve. À 47 ans, elle épouse un autre homme, avec qui elle vivra plus de quatre décennies. Elle reçoit la visite de nombreux artistes désirant bénéficier de ses conseils, et elle ouvre la voie à d'autres femmes peintres, comme Artemisia Gentileschi.

Plus d'un siècle plus tard, Rosalba Carriera naît en 1673 à Chiogga, en Italie. Elle débute très vite dans l'art, se forme à Venise. Elle décore des tabatières, s'initie à la miniature. Lors de son passage à Paris, elle lance la mode du pastel, dont la capitale française s'éprend. La noblesse européenne s'arrache ses portraits. Toutes les beautés de l'époque désirent obtenir leur visage en pastel signé de la main de « la Rosalba ». On raconte que certaines grandes dames la harcèlent, font le pied de grue devant chez elle du matin au soir pour obtenir ses faveurs. Prisée dans toute l'Europe, elle est aussi jalousée qu'admirée par ses contemporains. Elle est l'une des rares femmes à intégrer en France l'Académie royale de peinture et de sculpture, en 1720. Elle ne se marie pas, s'entoure dans son atelier de femmes à qui elle transmet son art. Comme Aguissola, sa carrière est incroyablement longue puisqu'elle meurt en 1757, à 81 ans, après avoir perdu la vue quelques années plus tôt.

Ni Anguissola, ni Carriera n'eurent d'enfant. Leurs carrières montrent « la complexité du statut de l'artiste vieillissante, mais aussi la richesse d'une démarche artistique développée et mûrie durant de longues décennies[11] », écrit à leur propos Caroline Schuster Cordone, docteure en histoire de l'art, vice-directrice du Musée d'art et d'histoire de Fribourg. « Dans leur cas, il semble qu'une longue expérience de vie et de travail ait contribué à une meilleure intégration et reconnaissance sociales – malgré les inégalités par rapport à la condition artistique masculine – et surtout à une résilience intime. Comme si la création jusqu'à un âge tardif conférait à celles qui s'y adonnent une énergie libératrice [...] afin de poursuivre, avec lucidité, un cheminement artistique propre et se positionner, dans leur vie quotidienne, leur environnement et leurs choix esthétiques, comme des femmes qui sont des artistes autonomes. »

Pour peindre aussi longtemps, elles ont dû s'adapter, au fil des décennies, au déclin de leurs capacités physiques – la

11 Caroline Schuster Cordone, « Les perceptions et les enjeux de la vieillesse féminine dans l'art à l'aube de l'époque moderne », *Recherches féministes*, numéro cité.

vue dans les deux cas –, qui a bouleversé tant leur façon de voir le monde que leur pratique. « Ces deux destins féminins démontrent non seulement un apprivoisement de la sénescence grâce à une longévité hors norme, mais aussi le désir de perdurer par son art, au-delà de la mort, en transformant la peinture en filiation spirituelle », écrit encore Caroline Schuster Cordone.

On aurait pu imaginer que les formidables progrès de la médecine et de l'hygiène au XXe siècle, grâce auxquels nous vivons aujourd'hui plus âgés et en meilleure forme, se traduisent par une plus juste représentation des vieilles, tant dans les ateliers d'artistes que sur les toiles. C'est en réalité l'inverse qui s'est produit. En particulier au cinéma, royaume sans pitié pour les peaux ridées.

Au cinéma, dans les médias, sur les podiums : où sont les vieilles ?

Pas un pli sur l'écran

Ce jour d'hiver 2019, alors que la bise mord les visages rosis par les températures hivernales, se réfugier dans une salle obscure semble la meilleure manière d'occuper l'après-midi. Une affiche, à l'un des cinémas du boulevard Montparnasse, attire le regard. Trois visages blonds sont alignés, d'une égale beauté : pommettes hautes, lèvres bien dessinées, peaux légèrement hâlées et, surtout, dénuées de toute aspérité, ombre, ride ou cicatrice d'acné. Il faut un moment avant de reconnaître les trois actrices : Charlize Theron, Nicole Kidman et Margot Robie. Elles sont méconnaissables, en particulier les deux premières.

Sous l'effet des retouches esthétiques diverses (Kidman) et des prothèses posées sur leur visage pour les besoins du tournage (Theron), elles semblent toutes avoir le même âge, c'est-à-dire aucun. C'est l'affiche de *Scandale*, et elle n'est pas sans susciter une certaine gêne.

Ce malaise est voulu : réalisé par Jay Roach, le film dénonce le sexisme régnant au sein de la chaîne conservatrice américaine Fox News, et le harcèlement sexuel infligé par son cofondateur, Roger Ailes, aux présentatrices. Amateur de décolletés, jambes dénudées et promotions canapé, il recrutait des journalistes conformes à ses fantasmes – blondes, sexy, presque interchangeables –, qu'il façonnait à son gré. Il tomba de son trône en 2016, suite aux accusations de plusieurs employées.

À l'écran, une étrange mise en abyme s'instaure : les comédiennes dénoncent le sexisme de Fox News en se mettant dans la peau des journalistes bimbos. Elles modèlent leur corps jusqu'à la caricature pour pointer du doigt le formatage auquel elles-mêmes n'échappent pas complètement.

L'affiche n'est pas sans rappeler celle du long-métrage *Elle*, de Paul Verhoven (2016). Isabelle Huppert, âgée de 62 ans lors du tournage, y arbore le même visage retouché, parfaitement lisse, vierge de toute trace du passage des années. À première vue, on pourrait se féliciter que l'actrice interprète un premier rôle plus jeune qu'elle d'une dizaine d'années. Personnage qui d'ailleurs précise qu'il a encore ses règles – étrange remarque, au fond sans grand intérêt pour l'intrigue. Mais cela aurait eu une portée beaucoup plus forte et transgressive si la comédienne avait vraiment paru son âge. Les femmes n'auraient-elles pas le droit de vieillir à l'écran ?

En 2015, lors de la sortie d'un nouvel épisode de *Star Wars*, certains spectateurs ont hué Carrie Fischer, la comédienne interprétant la princesse Leia, parce qu'elle n'avait plus le corps de sirène interspatiale dénudée des premiers épisodes de la saga, tournés quatre décennies auparavant ! Elle a alors remarqué sur Twitter : « Les hommes ne vieillissent pas mieux que les femmes, ils ont seulement l'autorisation de vieillir. » De fait, personne ne s'était ému qu'Harrison Ford, légèrement voûté, n'ait plus grand-chose à voir à l'écran avec le fringant Han Solo de 1977.

La même année, la presse a amplement commenté le rôle de James Bond girl interprété par Monica Bellucci dans *007 Spectre*, « la plus vieille du genre », alors que personne ne s'est jamais vraiment étonné, jusqu'ici, de voir l'agent secret enchaîner les midinettes deux fois plus jeunes que lui.

À l'écran, plus qu'ailleurs, la femme incarne l'objet du désir. Elle doit susciter l'envie, le fantasme, l'émotion et, pour ce, répondre aux critères de beauté dominants. À commencer par la jeunesse. À quel moment, d'ailleurs, jeunesse et beauté sont-elles devenues synonymes ?

« Dans tous les cas, les comédiennes disparaissent des écrans autour de 50 ans, résume la comédienne Marina Tomé. Elles entrent alors dans un long tunnel. » Celui de l'âge flou, la zone grise qui met si mal à l'aise. Celles qui parviennent à en sortir au bout de quinze ou vingt ans ne trouvent plus que des rôles de grands-mères gâteaux ou foldingues. En 2015, Marina Tomé a créé le Tunnel de la comédienne de 50 ans, une commission qu'elle codirige avec sa consœur Catherine Piffaretti au sein de l'AAFA, l'Association des actrices et acteurs de France associés, dans l'espoir de faire bouger les lignes au sein de la profession. Il y a du boulot. Chaque fois que l'on aborde ce sujet, les mêmes remarques fusent: « Mais si, il y a des femmes de plus de 50 ans au cinéma: regarde, Catherine Deneuve ! Charlotte Rampling ! Isabelle Huppert ! Nathalie Baye ! Juliette Binoche ! » Toujours les mêmes exemples que l'on peut compter sur les doigts d'une main. « Elles sont la partie émergée de l'iceberg, l'arbre qui cache la forêt, à savoir toutes les autres quinquas qui, elles, disparaissent bel et bien », résument Marina Tomé et Catherine Piffaretti.

À ce propos, Gwénaëlle Le Gras, maîtresse de conférences en études cinématographiques à l'Université Bordeaux-Montaigne, souligne que le statut de « star » de Bellucci, Huppert ou Adjani les place dans une catégorie à part, très différente de celle des autres comédiennes. Parce qu'elles sont bankables et remplissent les salles, elles ont (un peu) plus le droit de vieillir à l'écran que les autres. De continuer à jouer au-delà du cap des 50 ans. Ce qui ne signifie pas qu'elles échappent à la pression du jeunisme. Physiquement, la plupart d'entre elles (parce qu'elles n'ont guère le choix) collent aux normes de la beauté jeune, affichent des silhouettes adolescentes, peu de rides ; usent discrètement de la chirurgie ou à tout le moins ont recours à des injections. Et c'est encore plus vrai à Hollywood, où rares sont les stars qui n'ont pas eu recours au bistouri pour échapper à l'âge.

À cet égard, Catherine Deneuve fait figure d'exception. La comédienne et la façon dont elle déjoue les codes sont riches d'enseignements. Elle n'hésite pas à faire un sujet de son propre vieillissement dans certains films, à le mettre à distance ou à l'aborder frontalement. Dans *Elle s'en va*[12], par exemple, elle interprète une sexagénaire en difficulté financière, abandonnée par son amant, qui plaque tout pour prendre la route. Très peu d'actrices ont fait preuve d'une telle liberté sans que cela ne dégrade leur statut d'icône. Comme si l'immense Catherine échappait plus que toutes les autres au double standard genré évoqué par Susan Sontag. Pourquoi ? Quel est donc le secret de Catherine Deneuve ?

Dans *L'âge des stars*[13], Gwénaëlle Le Gras éclaire ce mystère. Deneuve fait exception parce qu'elle est duale. Deux Catherine coexistent. Lorsqu'elle apparaît à l'écran, leurs deux images se superposent : celle de l'icône indépassable des *Parapluies de Cherbourg*, incarnation de la beauté classique et intemporelle, et celle de la comédienne d'aujourd'hui, au corps changeant et prenant de l'âge. « La star, qui continue d'être figée en icône au premier degré par les médias, permet à l'actrice tout autant qu'à la femme publique engagée de se démarquer, d'exister comme sujet en jouant avec et contre l'icône sans y être aliénée, de "travailler du Deneuve" dans différents projets, détaille Gwénaëlle Le Gras. En somme, l'actrice use de son image d'icône comme d'une image témoin, physiquement ou, à l'occasion, de manière critique ou ludique pour s'en étonner. »

12 Comédie dramatique d'Emmanuelle Bercot, 2013.

13 Sous la direction de Charles-Antoine Courcoux, Gwénaëlle Le Gras et Raphaëlle Lemoine, *L'âge des stars. Des images à l'épreuve du vieillissement*, L'Âge d'Homme, 2017.

Voilà qui explique en grande partie sa longévité à l'écran. La plasticité de ses rôles. Il y a quelque chose de propre à sa génération dans la façon dont le personnage Deneuve déjoue le vieillissement, dans ses engagements publics, sa liberté de ton et son côté rebelle – en 2018, dans le sillage de l'affaire Weinstein et du mouvement #balancetonporc, elle a co-signé avec cent femmes une tribune audacieuse et polémique sur la liberté d'importuner dans *Le Monde*[14] –. Cette génération, à savoir celle des baby-boomers, a érigé la jeunesse et la liberté comme des valeurs clés dans la foulée de mai 1968 et désire en conséquence « rompre avec la vision du vieillissement comme un sursis ou une éclipse », souligne Gwénaëlle Le Gras.

Hélas, toutes les comédiennes ne bénéficient pas d'une telle liberté. On l'a vu : à l'exception d'une poignée de stars bankables, la plupart disparaissent de l'écran à l'âge de la ménopause. Pour le prouver, le Tunnel de la comédienne de 50 ans a passé au crible les films français et rassemblé des statistiques. Ainsi, sur l'ensemble des films tricolores de 2019, seuls 8 % des rôles sont attribués à des comédiennes de plus de 50 ans. En 2016, c'était encore moins : 6 %, et ces 6 % là sont les Catherine Deneuve, Nathalie Baye et Isabelle Huppert. Les décodeurs du *Monde*[15] ont mené leur propre enquête sur le sujet et dressent un constat similaire : les actrices françaises connaissent un « pic » de tournages entre 27 et 32 ans, alors que les hommes bénéficient d'une carrière

14 « Nous défendons une liberté d'importuner, indispensable à la liberté sexuelle », *Le Monde*, 9 janvier 2018.

15 « Au cinéma, les acteurs vieillissent, mais pas leurs conquêtes », *Le Monde*, rubrique Les Décodeurs, 19 mai 2018.

bien plus longue, jusqu'à 58 ans. L'homme est souverain dans son royaume à 50 ans, tandis que la femme s'évapore, elle n'est presque plus représentée à l'écran pendant près de la moitié de sa vie.

Et c'est bien dommage. « Passé cinquante ans et, pour beaucoup, libérées de la charge mentale liée aux enfants, elles créent, entament une seconde carrière, ont une vivacité folle : nous, comédiennes, aspirons à représenter les femmes dans toute leur diversité, explique Blandine Métayer. Voir des vieux écoutant du Tino Rossi à l'écran me rend dingue : quel cliché ! À soixante-dix ans, on écoute le rock avec lequel on a grandi. »

Blandine Métayer a 60 ans. Elle a joué à la télévision, participé à l'écriture de plusieurs dizaines d'épisodes de la série *Maguy*, écrit des sketches et scénarios à la pelle. Elle monte beaucoup sur scène. Plusieurs des pièces qu'elle a écrites sont restées de longues années à l'affiche des théâtres parisiens, comme *Célibattante*, dans les années 2000. Nous avons rendez-vous sur Skype un matin de septembre. Blandine est le genre de personne en compagnie de qui l'on se sent immédiatement comme avec une amie. Elle parle de son métier avec une passion que les difficultés liées au cap de la cinquantaine n'ont pas entamée. Au contraire : son engagement sur le sujet nourrit son inspiration. « Être autrice m'a sauvée, confie-t-elle. Passé un certain âge, c'est la seule façon de continuer à travailler, de forger des rôles de quinqua intéressants. »

En 2010, à cinquante ans, après avoir interrogé des dizaines de femmes, elle a écrit *Je suis top !*, une comédie retraçant l'itinéraire d'une cadre grimpant, en dépit du sexisme, jusqu'à la direction de l'entreprise où elle travaille. Dix ans plus tard, la pièce est toujours jouée et Blandine en a même fait une BD[16].

« Nous ne menons pas ce combat pour que les comédiennes quinqua aient plus de boulot, expliquent également Marina Tomé et Catherine Piffaretti. C'est un problème de société bien plus large et grave : celui de la non-représentation des femmes de cet âge, alors qu'elles constituent plus de la moitié de la population féminine majeure et un quart de la population majeure totale. Si on ne les voit pas, à quels modèles les adolescentes d'aujourd'hui peuvent-elles s'identifier en grandissant ? » La violence est double : pour celles qui ne se voient pas à l'écran et pour les plus jeunes qui ne disposent pas de modèles de femmes mûres fortes et indépendantes suffisamment nombreux pour inspirer leur construction identitaire. Cela, alors que les personnages conformes aux archétypes rétrogrades sont légion, au cinéma comme dans la publicité.

Marina Tomé s'agite derrière son écran, cite du Kierkegaard (« Il faut le lire ! »), multiplie les références aux nombreux travaux sur l'âge. « Quand, malgré tout, on propose des rôles aux actrices de 50 ans, ce sont toujours d'abominables clichés », regrette-t-elle. Récemment, elle est ainsi tombée sur un casting décrivant un personnage en ces mots : une quinquagénaire sans sexe et sans âge. « Pas baisable, quoi », s'agace-t-elle. Ou encore, sur cette annonce :

16 Blandine Métayer, Véronique Grisseaux, Sandrine Revel, *Je suis top !*, Delcourt, 2016.

cherche femme de 50 ans, type Denise Grey dans *La Boom*. « Mais dans *La Boom*, Denise Grey avait 84 ans, pas 50 ! »

Catherine Piffaretti ne manque pas d'anecdotes non plus : « Quand les directeurs de casting, très souvent des hommes, recherchent une actrice de 50 à 55 ans, ils pensent à une femme de 70 ans. Ils ont la tête farcie d'idées reçues. » C'est en particulier flagrant dans la publicité. La semaine de ses 50 ans, se souvient-elle, elle a reçu deux propositions de casting pour des réclames. La première était pour un médicament luttant contre les bouffées de chaleur. « Je me suis dit : si on m'associe à ce produit lié à la ménopause, je ne bosserai plus jamais ! » La seconde vantait les mérites d'un sonotone. « À 50 ans, vous imaginez ? J'ai décidé d'aller au casting pour foutre le boxon. » Lorsqu'elle arrive sur place, on lui demande si elle ne s'est pas trompée d'endroit. Elle sort l'annonce indiquant qu'une comédienne de 50 ans est recherchée. De fait, le responsable du casting – il l'a lui-même reconnu – imaginait auditionner des femmes ridées aux cheveux blancs : en somme, des mamies de 80 ans.

La vieille fille revêche et acariâtre, la cougar sans vergogne, la mamie gaga ou foutraque : le moins qu'on puisse dire, c'est que la palette des rôles est nettement plus limitée pour les femmes mûres que pour leurs homologues masculins. Au Royaume-Uni, des chercheurs universitaires ont créé en 2010 le réseau Center for Women, Ageing and Media (WAM), afin de travailler sur cette sous-représentation et de mettre en avant des films où les femmes de plus de 50 ans tiennent un rôle positif. Sa co-créatrice, Estella Tincknell, m'explique : « Trop souvent, on parle d'augmenter la visibilité des vieilles dans les médias comme s'il s'agissait d'une minorité, alors qu'elles font partie de la majorité. Cette question est en vérité très politique. » Si l'on voit des vieux tels que Clint Eastwood ou des quinquas sexy façon Daniel Craig dans les films d'action, l'équivalent féminin existe encore trop peu. Certes, depuis quelques années, des femmes « vieillissant bien » apparaissent à l'écran, telles que Judi Dench, qui joue la supérieure de l'agent 007 en tant que directrice du MI6 dans *James Bond*. Mais, une fois de plus, elles sont retenues parce qu'elles ne font pas leur âge. La plupart du temps, il est difficile de s'identifier physiquement à elles.

Estella Tincknell et ses collègues du WAM ont recensé une série de stéréotypes récurrents auxquels les femmes mûres sont reléguées. « Leur identité est souvent définie par rapport à la sphère domestique ou leur rôle dans la famille », explique-t-elle. Elles sont la grand-mère, la tante, la belle-mère, comme si leur statut se résumait à cela et écrasait les autres sphères de leur vie – notamment leur carrière professionnelle. Dans les intrigues criminelles, elles sont souvent cantonnées au rôle de victime. Dans les romances, elles sont régulièrement la *wicked queen*, la méchante reine, la mante religieuse opposée à la jeune ingénue. « Les figures féminines d'autorité sont encore trop souvent vues comme négatives, même si cela change doucement. » Dans la série américaine *White Lines*, diffusée au printemps 2020 sur Netflix, la seule femme de plus de 50 ans est la mère diabolique de l'un des protagonistes. Toxique, brune voluptueuse à la beauté empoisonnée, elle manipule son fils avec qui elle entretient une relation incestueuse. La jeune héroïne venue retrouver son frère est, elle, d'une blondeur divine et d'une naïveté légèrement agaçante.

L'autre stéréotype fréquent dans les fresques historiques comme dans les romances ou les tragédies, est celui de la femme au corps défaillant. La pauvre vieille, en général pas si vieille, se laissant aller ou sombrant dans la folie, souvent à cause d'un homme. Celle se languissant de douleur, laissant soudain blanchir ses cheveux, ne se lavant plus, perdant la mémoire ou bien enfermée en institution. « Les hommes ont rarement droit à un tel traitement alors que, dans la réalité, les femmes vieillissent en bien meilleure santé qu'eux », remarque Estella.

Ainsi, le film *Iris* (2001), qui raconte la vie de la grande philosophe et écrivaine irlandaise Iris Murdoch, met surtout en scène l'héroïne lorsqu'elle est une jeune et belle femme – sous les traits de Kate Winslet –, puis vers la fin de sa vie, lorsqu'elle sombre dans la démence, où elle est alors interprétée par Judi Dench. L'essentiel de sa vie et de sa carrière passe à la trappe, au profit de l'intrigue amoureuse qui se noue entre Iris et John Bayley, son mari. L'insistance avec laquelle le déclin de la protagoniste est filmé n'est pas sans rappeler, à certains égards, le film bouleversant de Bruno Dumont, *Camille Claudel, 1915* (2013), où l'immense sculptrice (interprétée par Juliette Binoche), dévorée par la paranoïa, est internée dans un asile d'aliénés où elle attend son frère. Lorsqu'ils sont filmés sur le déclin, les hommes ont plus fréquemment droit au cliché opposé : celui du vieux beau qui, soudain, retrouve goût à la vie (et tonus sexuel) lorsqu'une midinette parfois brillante et rarement laide, débarque dans sa vie. Un rôle interprété à merveille, entre autres, par Fabrice Lucchini. Dans *Paris* (2008), il interprète un professeur de la Sorbonne maladroit tombant amoureux de l'une de ses étudiantes, campée par Mélanie Laurent. Dans *Gemma Bovery* (2014), il joue l'ex-bobo reconverti en boulanger tombant sous le charme de la jeune Anglaise débarquant à la campagne. Dans *Alice et le maire* (2019), il est l'édile à bout de souffle retrouvant le goût de l'engagement grâce à Alice, une jeune philosophe avec qui il noue un dialogue vivifiant, quoique platonique...

Lorsqu'elles désirent des hommes plus jeunes, le scénario est en général moins rose, pour les femmes mûres. Dans l'adaptation filmique du roman de Camille Laurens *Celle que vous croyez*, l'héroïne d'une cinquantaine d'années se fait passer pour une jeune femme sur les réseaux sociaux afin d'espionner son amant, et se retrouve finalement à entamer une relation virtuelle et téléphonique avec le meilleur ami de celui-ci. Elle termine hospitalisée en psychiatrie.

L'autre cliché du genre est celui de la célibataire s'offrant les services tarifés d'un gigolo, comme Nathalie Baye dans *Cliente* (2008) et Charlotte Rampling dans *Vers le sud* (2006). Est-il si difficile de concevoir une histoire d'amour entre un jeune homme et une femme plus âgée avec un happy-end, sans que celle-ci ait à en payer le prix, ou que la morale la condamne d'une façon ou une autre ? Sans doute cela tient-il pour beaucoup (mais pas seulement) au fait que la majorité des réalisateurs sont des hommes – même s'il y a des exceptions notables, telles que Danièle Thompson, Jane Campion, Anne Fontaine ou encore Claire Denis. Puisqu'ils mettent en scène l'objet du désir masculin tel qu'ils le vivent et le projettent, ils en excluent trop souvent encore les plus de 50 ans – les « pas baisables ». Ce biais n'est cependant pas propre aux réalisateurs, comme l'analysent Marina Tomé et Catherine Piffaretti : « Quand des réalisatrices sont à la manœuvre, il y a plus de femmes à l'écran, dans des rôles moins stéréotypés. Mais, à y regarder de près, il n'y a pas tellement beaucoup plus de femmes de 50 ans dans leurs films. Elles non plus n'échappent pas aux représentations dominantes. » À savoir, celles qui instaurent le corps de la nymphette jeune et svelte comme le standard de la beauté, excluant de facto les vieilles au corps perçu comme fragilisé, débilitant, peu fiable. L'incarnation du non-désir.

Ces normes, ce regard-couperet prévalant à l'écran, relèvent en partie du *male gaze*, le regard masculin (blanc et hétérosexuel) imprégnant encore de nombreuses productions. Dans *Le regard féminin*[17], l'universitaire franco-américaine Iris Brey reprend cette notion forgée par la critique de cinéma Laura Mulvey[18]. Elle souligne l'impossibilité, dans une société patriarcale, de représenter la puissance du désir féminin. « En regardant des centaines de films et de séries pour l'écriture de ce livre, j'ai été choquée que si peu d'expériences concernant le corps féminin (d'un personnage cisgenre ou transgenre) soient montrées. De manière physiologique (des seins qui poussent, aux règles, à l'orgasme, l'avortement, l'accouchement, l'excision, la ménopause) ou sociologique (l'exclusion, la domination,

17 Iris Brey, *Le regard féminin. Une révolution à l'écran*, Éditions de l'Olivier, 2020.

18 Dans « Visual pleasure and narrative cinema », *Oxford Journals*, vol. 16, n° 3, automne 1975, publié dans *CinémAction*, n° 67, 1993 pour la traduction française.

les violences sexuelles, le viol). Comme si ces états n'avaient pas d'importance. » Et c'est encore plus marquant en ce qui concerne le corps de femmes de plus de 50 ans. Nous assistons là à un mépris flagrant du féminin dans nos fictions, majoritairement écrites par des hommes.

Mais cela change avec l'émergence de cinéastes (femmes, mais aussi hommes) déployant un *female gaze*, filmant le corps féminin non plus comme objet, mais comme sujet de désir, habité par le trouble, la vie, les vibrations. Un regard permettant aux spectateurs de comprendre l'expérience féminine, son ressenti, sa subjectivité. C'est ce que réussit Céline Sciamma dans *Portrait de la jeune fille en feu*, où le désir naît entre deux femmes du XVIIIe siècle, dont la relation est dénuée de questions relevant de l'asservissement ou du contrôle. Héloïse tombe doucement amoureuse de Marianne, l'artiste chargée de réaliser un portrait d'elle destiné à son futur mari. Elles sont seules dans la maison, en compagnie d'une jeune servante. Une volupté subtile grandit entre elles. Rien de voyeur dans ce film où le désir va crescendo, d'autant plus intense qu'il est toujours suggéré, filmé avec une poésie radicale au-delà de tout enjeu de domination et de pouvoir : un désir universel, puissant. Les hommes sont absents de l'écran pendant la quasi-totalité du film.

« Le *female gaze* est éminemment politique en ceci qu'il transforme une expérience féminine considérée comme minoritaire en expérience majoritaire », résume Iris Brey. Ajoutons qu'il le sera plus encore lorsque davantage de films mettront en scène le désir des femmes ménopausées et leur sexualité, celle-ci se déployant hors du cadre étriqué de la seule sexualité pénétrative.

C'est le cas d'*Aurore*, le long-métrage de la réalisatrice Blandine Lenoir, sorti en 2017. Aurore, interprétée par Agnès Jaoui, fait face à une série de bouleversements : elle perd son emploi, sa fille aînée tombe enceinte tandis que sa cadette quitte le foyer, son premier amour ressurgit... Et ce, au moment où elle découvre les symptômes de la ménopause, tels que les bouffées de chaleur. Le tout est traité avec finesse et humour en évitant les clichés faciles, preuve qu'il est possible de réaliser une comédie subtile sur la ménopause ! Aurore a quelques vapeurs, mais elle ne continue pas moins de séduire. Son corps n'est pas parfait, elle est parfois maladroite, mais elle dégage toujours un charme fou. Surtout : elle désire. Elle vit.

La scène d'ouverture du film est savoureuse. Installée à la terrasse d'un café, Aurore et une amie aperçoivent un couple où l'homme est nettement plus âgé que la jeune femme qui l'accompagne. Agacée par ces « vieux beaux » qui quittent leur épouse pour une jeunette, l'amie se lève et fait une scène à l'homme, qu'elle ne connaît ni d'Ève ni d'Adam, feignant d'être son épouse délaissée qui le surprendrait en plein adultère. Le pauvre type se défend, assure qu'il ne connaît pas cette femme. En vain : il est humilié, et le doute s'insinue dans l'esprit de la jeune femme.

C'est également le cas dans *Deux* (2021), le premier long-métrage de Filippo Meneghetti, portant à l'écran la passion secrète de deux femmes âgées. Madeleine cache à ses enfants l'amour qu'elle porte à Nina. Les corps mûrs, la tendresse et la souffrance sont filmés avec une grande justesse par le jeune cinéaste.

Si un tel regard est encore rare sur grand écran, la révolution est déjà en marche dans les séries, souvent plus audacieuses sur la forme comme sur le fond. Depuis quelques années, elles offrent de plus en plus de personnages de femmes mûres se dégageant des stéréotypes. Dans *Peaky Blinders*, Polly Gray (interprétée par Helen McCrory) est, dans les premiers épisodes, l'archétype de la matrone de famille mafieuse. Mais au fil des saisons, son personnage gagne en complexité, en pouvoir et en indépendance.

Dans *Downtown Abbey*, Violet Crawley (la délicieuse Maggie Smith) est la grand-mère veillant sur le respect des valeurs familiales et de la bienséance. Elle se révèle progressivement bien plus que cela, jusqu'à remettre les clés de la demeure familiale à sa petite-fille Mary, dans l'épisode final diffusé au cinéma. Ni duègne acariâtre, ni vieillarde rongée par Alzheimer, elle s'inscrit dans une sororité transgénérationnelle et incarne la transmission bienveillante, consciente du déclin lent, mais pas catastrophique ni obscène, de ses forces. Elle désire donner à Mary un peu de la force et du courage qui la portent depuis des décennies.

Aux États-Unis, la série *Grace & Frankie* fait sauter avec humour les tabous sur la sexualité des vieilles. À 70 ans passés – les deux comédiennes, Jane Fonda et Lily Tomlin, ont aujourd'hui plus de 80 ans ! –, Grace et Frankie sont quittées par leurs maris respectifs qui, amoureux l'un de l'autre, se mettent en couple après leur coming out. Elles emménagent ensemble dans une maison côtière et refont leur vie. Artiste-peintre, Frankie peint des vagins et invente un lubrifiant adapté aux femmes ménopausées souffrant de sécheresse vaginale. Elle s'associe avec Grace, business woman, pour commercialiser sa trouvaille. Peu à peu, elles développent des sextoys adaptés à leur âge et une machine aidant les vieux à se relever des toilettes sans effort.

Grace et Frankie ont mal au dos, sont un peu dures de la feuille, leurs enfants tentent de les expédier en maison de retraite, mais elles sont toujours désirantes et font l'amour. Grace se met en couple avec un homme beaucoup plus jeune. Les deux amies restent également proches de leurs ex-époux, qui explorent leur homosexualité sur le tard. Pour une série américaine grand public, cela fait beaucoup ! « C'est une production audacieuse », reconnaît Estella Tincknell, avant de nuancer : « Mais le "bien vieillir" pour une femme y est encore défini par le fait de rester sexy et désirable. Les alternatives ne sont pas explorées. À cet égard, *Grace & Frankie* reste imprégnée de la culture jeune. » Il est vrai que Jane Fonda a toujours le corps d'une jeune fille.

En France, la série *Capitaine Marleau* échappe à cet écueil. Interprétée par Corinne Masiero, 56 ans, la capitaine de gendarmerie Marleau sillonne la France pour mener ses enquêtes. Brute de décoffrage, en permanence coiffée d'une chapka, elle se fiche de son apparence, parle comme un pilier de bar, et le moins qu'on puisse dire, c'est qu'elle ne joue pas la carte de la séduction pour obtenir des informations – à l'inverse, elle bouscule parfois ses interlocuteurs masculins à coups de propositions directes, loin des clichés sur la douceur féminine. S'arrêtant à son côté bourru, beaucoup la sous-estiment de prime abord, ce dont elle fait une force. Colombo au féminin, Marleau n'est ni très jolie, ni bipolaire, ni spécialement névrosée ou hantée par un terrible passé familial. Elle est presque normale, et cela la rend exceptionnelle dans une série policière grand public.

Et puis, il y a *La Minute vieille*. Dans cette courte série humoristique diffusée sur Arte depuis 2012, de vieilles dames incarnées par différentes actrices racontent, sagement assises dans leur salon, une histoire piquante ou salace. Le résultat, tordant, naît de ce décalage. « C'est beaucoup plus transgressif que lorsque les mêmes blagues sont racontées par des hommes », explique Fabrice Maruca, auteur et réalisateur de la série. Les femmes âgées le passionnent, confie-t-il, au point qu'il leur offre un rôle dans chacun de ses projets : « Je les trouve belles. J'aime filmer leurs visages. » Dans son premier long-métrage, *Et si on chantait* (initialement prévu pour la deuxième moitié de 2021), Chantal Neuwirth, 72 ans, incarne un personnage qui vend des sextoys.

En dépit du succès croissant de *La Minute vieille*, Fabrice Maruca confie avoir du mal à convaincre des comédiennes de rejoindre la série. Michèle Hery, Claudine Acs, Anna Strelva, Nell Reymond, Bernadette Lafont, Anémone, Andréa Ferréol, Geneviève de Fontenay ou encore Liliane Rovère l'ont accepté. Mais beaucoup d'autres lui ont claqué la porte au nez. « À chaque saison, le casting est très dur, confie-t-il. Nous avons essuyé des centaines de refus. Les grandes dames du cinéma n'ont pas très envie d'apparaître dans une série sur les vieilles. » Depuis que la commission du Tunnel de la comédienne de 50 ans existe, il assure se montrer plus vigilant sur la façon dont il conçoit ses personnages, notamment les seconds rôles. « Mais nous avons tous du chemin à faire. »

Parmi les dizaines de comédiennes sollicitées pour cette enquête, très peu ont répondu positivement. Parfois, leur agent a bloqué la demande sans même la leur transmettre. Souvent, la réponse tombait sèchement : « Désolé, mais elle n'a pas le temps / n'est pas intéressée / n'a rien à dire sur le sujet. » Et puis, il y a eu des « non » maquillés sous un « oui » de façade, très parisien : elle est d'accord pour un café, bien sûr, suivi d'un silence total, sans proposition de dates, ni réponse à celles avancées. À l'évidence, certaines actrices ne désirent guère être associées à un livre sur l'âge. Difficile de les en blâmer. Fort heureusement pour ces pages, quelques-unes ont osé.

À l'exemple de Liliane Rovère, qui apparaît au casting de *La Minute vieille*, mais aussi dans *Dix pour cent*, cette série décrivant la vie d'une agence artistique, où des acteurs de cinéma apparaissent régulièrement pour jouer leur propre rôle, avec beaucoup d'autodérision. Liliane Rovère y interprète l'impresario Arlette Azémar : forte, drôle, cultivée, pas la langue dans sa poche. Un merveilleux rôle de femme mûre. Il est inspiré de l'énergique Josette Arrigoni, qui fut une figure de l'agence Artmedia. Mais Liliane a construit un personnage différent, empruntant beaucoup à sa propre personnalité : impertinente, amatrice de jazz, libre, instinctive. « Jeune dans ma tête, mais loin de courir après ma jeunesse passée », dit-elle. À près de 90 ans, elle fait figure d'exception au petit écran. « J'ai la chance folle d'échapper au sort commun des vieilles : non seulement les femmes ont des rôles moins variés que les hommes à l'écran, mais en plus, elles disparaissent plus vite. Quand leur jeunesse s'évanouit, elles perdent un atout.»

Grâce au succès de *Dix pour cent*, les propositions de rôle se multiplient pour elle : elle joue également dans la série *Family Business* et enchaîne les apparitions au cinéma (*Damien veut changer le monde*, *La Daronne*...) « Une fin de carrière ascendante, c'est inespéré ! J'ai toujours travaillé, mais il y a eu des années plus difficiles, voire très difficiles. » Elle aussi a traversé le tunnel. En 1982, elle jouait dans la deuxième saison de la série *Pause Café*, diffusée sur TF1. « J'ai eu un choc lors de la projection : soudain, je me suis trouvée vieille. Prendre de l'âge me terrifiait, d'autant que j'étais très peu sûre de moi. Et puis, avec le temps, ces angoisses se sont dissipées. Les jours sont devenus des années, et je m'y suis faite. Je suis moins inquiète. Aujourd'hui, je suis mieux dans ma vieille peau que dans la jeune : le corps peine, mais la tête s'est remplie, et je vis chaque jour comme une nouvelle opportunité d'apprendre. C'est une question d'énergie : il y a urgence à vivre comme si on n'allait jamais mourir... tout en sachant qu'on va mourir. » De fait, son énergie est communicative. On passerait volontiers la soirée en sa compagnie, à refaire le monde en sirotant un bon whisky sur un disque de Duke Ellington.

Ma grand-mère Léa parlait elle aussi de l'urgence de vivre. Elle m'incitait à suivre son exemple. Son appartement était une caverne des merveilles où s'improvisaient des séances de bricolage festif. Cabanes en carton, sculptures en allumettes, expérimentations diverses en pâte à sel et papier mâché : elle ne posait aucune limite à la créativité de ses petits-enfants, se fichant des trous et taches infligés à son tapis. Elle disait : « Tentez, foncez, on verra le reste après. » Je pense souvent à ces mots. Pourquoi sont-ils si difficiles à appliquer à l'âge adulte ?

Les médias, caisse de résonance de l'injonction à la jeunesse

Qui n'a jamais rêvé de passer du temps avec Madonna ? Vanessa Grigoriadis, journaliste au *New York Times*, a eu cette chance. Pendant des semaines, elle a suivi la star en coulisses, en vue de la sortie de son quatorzième album, *Madame X*, en juin 2019. Elle a ainsi pu découvrir les rouages de la machine Madonna, comprendre qui sont les personnes clés de son entourage, celles sur qui la reine de la pop s'appuie pour concevoir ses tubes, découvrir ses confidents, ses habitudes et ses méthodes de travail, afin de percer les secrets de sa carrière incroyablement longue. Mais le portrait, intitulé « Madonna à 60 ans[19] », a fortement déplu à l'artiste. Motif : la reporter y fait plusieurs fois référence à son âge. Le 6 juin 2019, dans la foulée de la publication, Madonna a publié sur son compte Instagram le texte suivant :

> Dire que je suis déçue par l'article serait un euphémisme. Il semblerait qu'on ne puisse pas guérir la société ni son irrépressible besoin de déprécier, dénigrer et dégrader ce qu'elle sait être positif. Surtout les femmes fortes et indépendantes. La journaliste qui a écrit cet article a passé des jours, des heures et des mois avec moi, et a été invitée dans un monde auquel peu de gens ont accès, mais elle a choisi de se concentrer sur des sujets triviaux et superficiels tels que l'ethnicité

19 Vanessa Grigoriadis, « Madonna at sixty. The original queen of pop on aging, inspiration and why she refuses to cede control », *New York Times*, 5 juin 2019.

> de ma doublure, la conception de mes rideaux et ses commentaires sans fin sur mon âge, qui n'aurait jamais été mentionné si j'avais été un HOMME !
> Les femmes ont beaucoup de mal à se faire les avocates des autres femmes, même si elles se posent en féministes intellectuelles. Cela me désole d'avoir passé plus de cinq minutes avec elle. J'ai l'impression d'avoir été violée. Et, oui, je m'autorise à utiliser cette analogie alors que j'ai été violée à 19 ans. Une preuve supplémentaire que le vénérable *New York Times* est l'un des pères fondateurs du patriarcat. Je le dis : MORT AU PATRIARCAT profondément ancré au cœur de la société. Je n'arrêterai jamais de me battre pour l'éradiquer.

La Madone est sans doute un peu dure avec la journaliste, qui ne s'est pas exactement contentée de parler des rideaux. D'autant qu'elle entretient avec l'âge un rapport plus ambigu qu'elle ne veut bien l'admettre. Ses pommettes de plus en plus enflées déjouent les lois de la gravité, et elle déclare régulièrement sur un ton vindicatif qu'on cherche à la « punir » en raison de son âge, comme on cherchait à la punir autrefois pour son goût de la provoc'. Reste que la chanteuse n'a pas tort sur un point : passé 50 ans, toute personnalité féminine est, à un moment ou un autre, questionnée sur son âge, notamment lorsqu'elle répond à la presse féminine.

Un tour sur les moteurs de recherche avec quelques mots clés, tels que « âge + star » ou « vieillir + actrice » donne rapidement le tournis : « Avez-vous peur de vieillir ? » « Est-ce difficile de vieillir à l'écran ? » « Avez-vous déjà pensé à la chirurgie ? » « Comment vieillit-on à l'écran ? » Un interrogatoire presque systématiquement réservé aux femmes, auquel celles-ci servent les mêmes réponses un peu convenues, sans doute avec une grande lassitude, confiant tantôt qu'elles souffrent de prendre de l'âge, tantôt qu'elles s'en moquent, voire que vieillir les enthousiasme. En voici quelques-unes :

Isabelle Adjani :

Vieillir ? C'est compliqué. Il vaut mieux que ce soit en bonne santé, sinon, c'est pire que la mort ! Ma nature, c'est de partir à reculons à la recherche du temps perdu. Alors, je me mets de plus en plus à la contrarier en prenant de l'avance sur le temps, comme face à un agresseur que l'on cherche à semer en courant avec les deux jambes dans le plâtre ! (Rires.)

« J'ai le sentiment d'assister aux derniers moments du monde que j'ai connu », *Madame Figaro*, 31 janvier 2019

Emmanuelle Béart :

Depuis sept ans, je fais surtout du théâtre. Sur les planches, on peut vieillir comme on veut. Au cinéma, non. Il y avait une sorte de décalage entre mon désir de jouer les rôles qui correspondaient à mon âge et le fantasme des gens du cinéma qui ne voulaient pas me voir grandir. Il fallait que je prenne le temps d'avoir ma gueule d'aujourd'hui, et ça m'a pris sept ans.

« Je n'ai plus ce désir d'être aimée des autres », *Marie-Claire*, 9 juillet 2020

Gwyneth Paltrow :

Les rides apparaissent, vous vous rapprochez de la ménopause et de tout ça… Et quid de votre identité de femme si vous n'êtes pas plus jolie qu'avant ?

« Gwyneth Paltrow révèle à quel point il est difficile de se voir vieillir », *L'Officiel*, 30 juillet 2019

Nicole Kidman

Maintenant que je suis plus âgée, je me sens beaucoup plus détendue. Par exemple, je ne me soucie plus de ce que les autres pensent de moi. Et c'est un sentiment merveilleux ! Beaucoup de femmes pensent que vieillir est terrible, mais j'en suis si heureuse. Aujourd'hui, je suis enfin la femme que j'espérais être depuis des années.

« Beaucoup de femmes pensent que vieillir est terrible, mais j'en suis si heureuse », *Paris Match Belgique*, 31 janvier 2020

Sophie Marceau :

Récemment, j'étais chez mes parents et j'observais des arbres que nous avions plantés il y a vingt-quatre ans déjà ! J'ai fait un bond en arrière et je me suis dit : « À l'époque, j'avais 25 ans. Du coup, je suis plus vieille que mes parents ne l'étaient quand ils sont arrivés dans cet endroit. » Aujourd'hui, j'ai une forêt, c'est bien et j'en suis très fière. Le temps n'a pas que des désavantages. On voit les choses grandir, pousser. Ça, c'est top !

« Il faut que je mette un peu d'air dans ma vie »,
Version Femina, 8 septembre 2016

Monica Bellucci :

La ménopause est une chose naturelle, ce n'est pas une maladie. OK, au début votre corps devient un peu dingue, mais après quelques mois ou un an, tout va mieux. C'est un processus naturel de la vie. Cela ne me rend pas nerveuse du tout. [...] Plus de règles !

Monica Bellucci : « Je n'ai pas envie d'avoir 20 ans, vous si ? »,
Elle, mai 2016

Que ressentent des lectrices de 50 ou 60 ans, des femmes dont les pommettes sont marquées de taches brunes, dont la peau et le corps portent les marques du passage des années, lorsqu'elles lisent Monica Bellucci ou Sophie Marceau proclamer qu'elles sont bien dans leur âge, qu'elles n'aimeraient pas retrouver leurs 20 ans et qu'au fond vieillir est merveilleux ? Sont-elles inspirées par ces propos probablement sincères ? Sont-elles vraiment rassurées que Gwyneth Paltrow se plaigne de vieillir alors qu'elle n'a pas pris une ride ? Ou bien souffrent-elles de ne pas être capables de lutter contre l'âge aussi bien que ces actrices et d'avoir perdu leur corps de jeune fille ? Culpabilisent-elles d'échouer là où les stars réussissent ?

Un peu de tout cela à la fois, sans doute, et pour des raisons plus complexes qu'il n'y paraît. Bien sûr, la presse féminine véhicule le culte du corps jeune par ses articles, la publicité, les modèles filiformes des pages mode, ou encore par les best-of tapageurs régulièrement publiés sur les sites web : « Avant-Après : ces stars n'ont pas pris une ride en 10 ans ! » (*Marie-Claire*), « Ces stars qui n'ont (presque) pas pris une ride » (*Cosmopolitan*), « 50 stars qui ne vieillissent (presque) pas ! » (*Femina*), « People : elles vieillissent avec grâce » (*Elle*).

Mais elle charrie également son lot d'injonctions à première vue contradictoires, souvent au sein d'un même numéro. Ainsi, un magazine vantera la nouvelle crème antirides, le dernier cocktail anti-âge à base de chou kale que la Californie s'arrache, le yoga « cure de jouvence » venu de Scandinavie... Mais il louera aussi, quelques pages plus loin, les femmes osant les cheveux blancs et les rondes assumant leurs kilos. Après les pubs anti-âge, des articles expliquent aux lectrices qu'elles doivent s'accepter avec leurs défauts, retrouver leur naturel, aimer leur corps sans tenter de le modifier puisque « vous êtes magnifiques telles que vous êtes ».

Ne changez rien, mais restez jeunes. Ne trichez pas, mais achetez le sérum antirides de la page 52. Il y a de quoi perdre la tête. C'est tout le paradoxe de la presse féminine : sa survie économique dépend en grande partie de la publicité, dont le contenu lui échappe.

Dans un registre un peu différent, la presse people renvoie elle aussi à un supposé « bon vieillissement ». Dans *L'âge des stars*, le sociologue Jamil Dakhlia y voit une espèce d'« idéal universel, mais sous-tendu par un insoluble paradoxe : il s'agit en effet de rester naturel tout en refusant tout ce qui pourrait ressembler à du laisser-aller, ce qui suppose d'intérioriser les normes sociales dictant le soin de l'apparence ». D'un côté, la presse people glorifie les personnalités dont le vieillissement est jugé réussi, cultivant « le stéréotype de "la femme mûre, mais toujours séduisante, humiliée, mais toujours digne", s'appliquant, de manière identique, aux femmes politiques ou de politiques – Ségolène Royal, Cécilia Sarkozy, Valérie Trierweiler ou encore Anne Sinclair », souligne Jamil Dakhlia. De l'autre, elle raille les figures marquées par un vieillissement accéléré, supposément provoqué par leur comportement (drogue, alcool…), ou bien ayant « abusé du bistouri » pour maquiller leur âge : les Meg Ryan, Melanie Griffith, Jocelyn Wildenstein, sous le feu de commentaires acerbes et méchants. Sur ce dernier point, les hommes sont presque à égalité (mais faut-il s'en réjouir ?) : ils ne sont pas épargnés dans les palmarès des stars dont le jeunisme et les opérations ont « tourné au désastre », comme Mickey Rourke, Sylvester Stallone ou Thierry Mugler.

Inutile pour autant de ne jeter la pierre qu'à la presse people. Elle n'est pas la seule caisse de résonance des normes pesant sur le corps des femmes. Au cours d'une discussion téléphonique, l'historienne Michelle Perrot m'a raconté une anecdote : fin 2018, elle était invitée dans une émission littéraire pour évoquer son ouvrage, *George Sand à Nohant*. Au cours de l'interview, elle a eu cet échange avec le journaliste :

« Michelle Perrot, puis-je me permettre quelque chose qui est peut-être affreusement goujat, c'est de vous demander votre année de naissance ?

– Oui, mais enfin, c'est très indiscret (*rire forcé*), ce n'est un secret pour personne : 1928. »

« Cette question m'a presque choquée, confie-t-elle. Juste après, mon amie Mona Ozouf, qui regardait l'émission, m'a appelée : elle était tout aussi scandalisée. Aurait-on posé cette question, avec les mêmes mots, à un homme ? L'aurait-on posée à Jean d'Ormesson ? Il y a toujours une différence de traitement entre les deux sexes à cet égard, un vocabulaire différent, même de la part de journalistes à n'en pas douter féministes. »

Parce que ces normes sont inconscientes, parce que le tunnel des 50 ans est la zone grise où la société s'emmêle les pinceaux, personne n'échappe vraiment aux stéréotypes sur l'âge de femmes, face auxquels ces dernières sont quelque peu désemparées. « Disons les choses simplement : on ne se reconnaît pas tellement dans la presse féminine », résume Sophie Dancourt, d'une voix douce et déterminée.

Il y a quelques années, lorsqu'elle a fêté ses 50 ans, cette pigiste s'est penchée sur les magazines s'adressant aux femmes de son âge. Résultat ? « Abominable : j'ai surtout trouvé des injonctions à rester jeune, des conseils ringardisant du type “après 50 ans il faut porter les cheveux courts sinon c’est moche”, et des égéries au visage sans rides, auxquelles il est impossible de s’identifier. Je ne me reconnaissais nulle part, y compris du côté de la presse anglo-saxonne, et il n’existait pas grand-chose encore du côté des blogs. »

Elle décide alors de lancer un site qui lui ressemble, J’ai piscine avec Simone, consacré aux femmes plongeant comme elle dans le « deuxième bain » de la vie. « Après 50 ans, elles sont invisibilisées dans les médias, et beaucoup d’entre nous se conforment à cette prescription d’invisibilisation sans même s’en rendre compte. Beaucoup se disent : “À mon âge, cela ne se fait plus.” J’ai créé ce site pour celles qui ont besoin de s’identifier à une femme normale, pas à Monica Bellucci. »

Au fil des mois, son site a pris de l’ampleur. Aujourd’hui, il évoque l’actualité, chronique des ouvrages, dresse des portraits de quinquagénaires inspirantes et propose des podcasts. Une mine d’informations profondes, optimistes et joyeuses. « Une pensée entière est à déconstruire : celle qui veut que les femmes n’aient plus d’existence ni de valeur lorsqu’elles ne sont plus fertiles, et tout ce que cette pensée implique dans le traitement réservé à leur corps, déjà discrédité tout au long de leur vie », explique-t-elle. Désormais, une communauté de femmes se retrouve chaque jour autour de sa page Facebook et sur Instagram où d’autres initiatives dans le même esprit fleurissent, et c’est follement réjouissant.

Sur les podiums, peu de place pour les corps différents

Ce jour de juin 2019, une ambiance festive anime la galerie Vivienne, dans le 2e arrondissement de Paris. Un attroupement se forme devant les boutiques. Certains sont assis, d'autres debout, tendant leur téléphone en mode vidéo vers le centre de ce fastueux passage hors du temps. Les épaules se balancent sur un morceau de Los Indios Tabajaras. Sous la luxueuse verrière baignée d'une douce lumière se réfléchissant sur les mosaïques ocre et fauves, des femmes défilent. Châles, vestes, bijoux, chapeaux : très vite, un détail autre que leurs vêtements attire l'attention. Leur attitude, la façon dont elles se meuvent, lèvent les bras, rient, roulent des hanches, n'a rien de la gestuelle un peu figée des mannequins classiques. Elles sont plus libres. Vivantes. Accessoirement, toutes ont plus de 50 ans. Parmi elles : les comédiennes Catherine Jacob, Catherine Marchal, Sandrine Bonnaire, la chanteuse lyrique Caroline Casadesus, les chanteuses Lio et Marianne James, la chorégraphe Marie-Claude Pietragalla, mais aussi des cheffes d'entreprise, des écrivaines, des femmes engagées de divers horizons et même quelques hommes, réunis par la styliste Nathalie Garçon à l'occasion de la création de l'association Over fifty et alors ?

Son but : « faire évoluer positivement la visibilité et le regard porté sur les femmes de plus de 50 ans dans les univers de la mode et de la beauté », « promouvoir un projet humain et sociétal où les générations de femmes de plus de 50 ans pourront s'exprimer dans la liberté de ce qu'elles sont, loin des stéréotypes, tout en proposant des modèles aspirationnels possiblement identificatoires pour les plus jeunes », lit-on sur son site internet. « Pour ce défilé, j'ai fait appel à des femmes de plus de 50 ans qui se sont réalisées dans leur domaine, quel qu'il soit, ajoute Nathalie Garçon. Je suis convaincue que c'est cet accomplissement qui les rend désirables, et non leur âge. »

Ma rencontre avec la styliste aurait pu tourner court. À peine suis-je entrée dans son show-room de la galerie Vivienne que, par inadvertance, je casse l'un des colliers en exposition. La vendeuse me fusille du regard. Je souris comme une imbécile – que faire ? Je n'ose pas proposer d'acheter le bijou, craignant qu'il soit hors budget pour moi. Je serre les dents et me fais toute petite, redoutant de me faire houspiller : « Mais enfin, mademoiselle, c'est impardonnable ! Nathalie va être en colère ! »

Celle-ci arrive à vélo quelques minutes plus tard. Je lui avoue d'emblée ma bourde, prête à détaler en courant (une habitude). Par chance, elle ne m'en tient pas rigueur : « Ce bijou n'était sûrement pas assez solide. »

Nous nous installons dans un café. Elle porte une élégante robe noire. Ses yeux bleus me transpercent avec intensité et bienveillance. J'entame la discussion par une confidence : je suis journaliste économique, je ne connais strictement rien à la mode. Si elle a toléré que je brise l'un de ses bijoux, se montrera-t-elle indulgente à l'égard de ma parfaite incompétence sur le sujet ?

Par chance, oui. Il y a, chez Nathalie Garçon, un désir de transmission, résonnant très fort avec sa démarche en faveur de la représentation des femmes de plus de 50 ans. Elle travaille dans la mode depuis près de quatre décennies. À Cannes, où elle a grandi, ses grands-parents tenaient un hôtel où les stars défilaient. « Des femmes dans le glamour et la séduction, mais pas seulement, raconte-t-elle. Des femmes puissantes, d'un certain âge, inspirantes. »

Lorsqu'elle débarque à Paris, dans les années 1980, Thierry Mugler et Kenzo tiennent le haut des podiums. « À l'époque, on pouvait s'identifier au style qu'ils défendaient avec une certaine idée de la libération féminine. Leur génération a ouvert les portes ; pour eux, la mode était un outil d'expression pour les femmes, et pas seulement pour les plus jeunes d'entre elles. Et puis, quelque chose a changé. Dans le courant des années 1990, la mode s'est tournée vers le modèle junior, à savoir l'adolescente à peine pubère, la femme-enfant sans règles, c'est-à-dire manipulable : un objet sexuel. Ensuite, le porno chic a fait son entrée dans la mode. Je n'ai pas du tout adhéré. J'ai poursuivi mon chemin de mon côté. J'ai toujours été un électron libre dans le métier. On me l'a parfois reproché. »

Nathalie Garçon revendique une féminité loin des canons du corps planche-à-pain des podiums : voluptueuse, ronde, glamour. « J'ai toujours travaillé avec des femmes artistes de 25, 40 ou 50 ans : peu importe, tant qu'elles m'inspirent et savent défiler. Nous, les créatrices, avons une grande responsabilité envers les jeunes filles facilement conditionnées par les normes. »

Voilà pourquoi elle a lancé l'association Over fifty et alors ? Outre celui de la galerie Vivienne, elle a également organisé un défilé en Tunisie et compte bien en monter d'autres dans les années à venir. « Il est important de mettre en scène des femmes plus proches du réel tout en étant glamour, différentes du modèle de la quinqua qui ne vieillit pas : plus on en verra, plus les normes évolueront. Ce genre de démarche me paraît bien plus efficace que de réclamer le changement avec véhémence », conclut-elle.

Nous regagnons sa boutique. Elle me salue et repart avec élégance sur son grand vélo. La vendeuse me lance un regard noir. Je lui achète deux masques en tissu pour me faire pardonner le collier brisé.

Rebecca Gillard, elle, se montre un peu moins optimiste sur le sujet. En 1988, elle a créé l'agence Rebecca, qui représente des mannequins, comédiens et autres célébrités. Il y a quelques années, elle a monté un département senior défendant notamment la sublime mannequin Yazemeenah Rossi ou encore Lucienne Moreau, la grand-mère célèbre pour ses chroniques satiriques dans *Le Petit Journal* sur Canal+ et pour ses apparitions dans *Groland*.

Un soir, comme une bouteille à la mer, j'envoie un email à Rebecca, certaine qu'il restera sans réponse. À ma grande surprise, elle me rappelle presque aussitôt : le sujet l'inspire. Alors, Rebecca, est-ce que la mode bouge, sur la représentation des femmes de plus de 50 ans ? « Pas vraiment, même si tout le monde a un département senior aujourd'hui, dit-elle. Il y a des effets de mode : tout à coup, tout le monde veut des gueules, des vieux, des grosses, mais ça reste des "coups", marginaux et temporaires. À l'exception de quelques figures excentriques, que l'on met toujours en avant comme un alibi, les mannequins seniors ne travaillent pas beaucoup. »

Pour en savoir plus, j'ai contacté certaines des femmes qu'elle représente, dont Yazemeenah Rossi, 64 ans. Elle répond depuis Malibu, où elle vit aujourd'hui. « Je ne suis pas sûre que ce que je vais vous dire corresponde à ce que vous recherchez », me prévient-elle d'emblée. Yazemeenah Rossi est mannequin senior, mais c'est aussi une artiste, une belle âme, une sorcière. Son parcours dans la mode est atypique : elle devient mannequin à 28 ans, lorsqu'une amie lui propose de remplacer un modèle au Salon du prêt-à-porter de Paris. Elle est déjà mère de deux enfants, mais sa carrière démarre. Elle défile à l'occasion pour Christian Lacroix, Thierry Mugler, pose pour des cosmétiques japonais et dans des publicités.

À 45 ans, elle s'envole pour New York, où on la sollicite encore pour des contrats. En parallèle, elle se consacre de plus en plus à son travail de photographe. En 2015, à 59 ans, elle publie des autoportraits en maillot de main, sans retouche, en pleine nature. Elle y respire le bien-être et la santé. Son corps est sublime et longiligne, mais elle ne le maquille pas et ne tente pas de cacher ses défauts – assez peu nombreux, il faut le dire. Yazemeenah paraît quinze ans de moins. Le buzz ne tarde pas à prendre sur la toile. La voilà à nouveau sous les projecteurs : *Gala* rédige son portrait, les interviews se multiplient, la presse s'emballe autour de cette sirène argentée… Et depuis ? Yazemeenah, photographe et artiste, la soixantaine, est-elle devenue l'égérie de marques prônant la différence ? « En fait, je ne travaille pas beaucoup », confie-t-elle. Parce que les campagnes qu'on lui proposait il y a quelques années encore promouvaient des vêtements de grands-mères, des robes de chambre pas vraiment élégantes, « des trucs de femme de 80 ans ». En outre, elle refuse les contrats avec des marques ne correspondant pas aux valeurs qu'elle défend – simplicité, nature, respect du corps et de la planète –, ce qui en élimine un certain nombre. « Il y a comme un hiatus, raconte-t-elle. Je viens par exemple d'accepter un casting pour un produit contre les fuites urinaires. Après tout, pourquoi pas, c'est un problème de mon âge ! J'assume. Mais ils cherchaient une mannequin de 45-55 ans tout au plus, pas de 60 ans : c'est fou. J'ai tout de même tenté le coup. »

Si une splendeur comme Yazemeenah, cochant toutes les cases de la minceur et de la fermeté, peine à trouver du travail en raison de son âge, quelle mannequin de 60 ans le pourrait ?

Caroline Ida, elle, a fêté ses 60 ans durant le premier confinement, au printemps 2020. Elle a un visage de statue grecque, de grands yeux bleus et, elle aussi, une chevelure en cascade d'argent. Après 25 ans de salariat dans la même entreprise, elle a dû repartir à zéro. « J'ai pris conscience à ce moment-là que tout devenait très dur pour les femmes de plus de 50 ans, et pas uniquement dans la vie professionnelle. J'étais soudain sans emploi, mais avec une énergie folle et l'envie de me réinventer. Alors je me suis lancée. »

Elle devient mannequin, défile au Salon des seniors, à celui de la lingerie, crée le site Fifty years of a woman et ouvre un compte Instagram où elle publie des photos et vidéos respirant la joie de vivre. Représentée par l'agence Rebecca, elle décroche quelques partenariats avec des marques, pose parfois pour des photographes. « Mais j'ai peu de propositions, confie-t-elle. Des petites choses, des photos, mais pas beaucoup de figuration. Peut-être parce que je fais du 42-44. Ou plus probablement, parce que l'on ne veut pas voir les femmes de mon âge. »

Peu après notre entretien, elle a néanmoins été sollicitée par une marque de lingerie française, Maison Louve. Elle est devenue leur modèle pour la collection hiver 2020-2021. Kimono, soutien-gorge, bodys, déshabillés : la série de photos où elle pose, « Ode à la louve », accompagnée d'un clip, met en avant son corps rond, pas toujours ferme, un peu marqué, de femme de son âge, sans retouche et superbe. Quelque chose me dit que l'on va entendre parler de Caroline Ida. Les lignes commencent à bouger, même sur les podiums.

Je regarde une nouvelle fois le clip de Maison Louve. Il n'a rien à voir avec une campagne de promotion classique, et pas seulement parce que Caroline Ida affiche ses courbes généreuses de sexagénaire au naturel. Elle n'est pas dans la démonstration. Sa gestuelle empreinte d'une certaine retenue dégage une sensualité puissante. La source de son magnétisme est à la fois simple et sublime : elle est bien dans sa peau. Elle ose, sans chercher à prouver quoique ce soit parce qu'elle sait qui elle est, et cela la rend terriblement belle. Le jour où des corps comme le sien remplaceront ceux des mannequins taille 32 sur les pubs des abribus, les mannequins seniors n'auront plus de mal à gagner leur vie.

Sois vieille et cache-toi : les vieilles dans l'espace public

Il est 22 h 30 lorsqu'Alice rejoint le quai du métro Franklin-Roosevelt à Paris. Elle sort d'une séance de cinéma où elle s'est rendue seule ; elle fait partie des personnes qui n'ont aucun mal à entrer dans les salles obscures non accompagnées, sans craindre le jugement des autres. Elle avance jusqu'au milieu de la station mais, très vite, une étrange sensation lui serre la gorge. Elle peine d'abord à mettre les mots sur ce malaise. Sa poitrine se fait lourde. Elle regarde à droite, à gauche, et soudain comprend : des deux côtés du quai, 80 % des passants ont moins de 25 ans. Ils rient, s'envoient des signes, imposent leur gouaillerie alcoolisée aux autres passagers, qui n'ont rien à dire, car ici, à cette heure, les jeunes sont chez eux. Alice, elle, ne l'est pas. Elle a 70 ans passés, elle se sent comme une intruse. Elle recule, se serre contre le mur afin de se faire oublier, comme le font les deux autres personnes de son âge présentes dans la station. Elles sont vieilles. La nuit ne leur appartient plus.

Cette scène est vécue par l'un des personnages de Benoîte Groult dans le roman *La Touche étoile*[20], retraçant l'avancée en âge de plusieurs générations de femmes. Elle est, à n'en guère douter, d'inspiration autobiographique : Alice est une journaliste féministe, comme l'autrice. Avec les années, elle saisit qu'elle n'est plus la bienvenue partout : « Je me surprends à évacuer un à un les lieux où je ne me sens plus souhaitée. La nuit est l'un des espaces où je n'ose plus m'aventurer. Un homme, même branlant, m'assurait un semblant de sécurité. Une femme seule et âgée est deux fois femme. » Désormais, elle a peur. « C'est cette peur qui nous conduit peu à peu à rester dans notre

20 Grasset, 2006.

tanière, dans cette cuisine qui a été pour tant de femmes de ma génération cette “chambre à soi” dont parlait Virginia Woolf. »

Une femme seule et âgée est deux fois femme. Deux fois plus exposée, fragile, fébrile. Barbara Macdonald ne dirait pas le contraire. À la fin des années 1970, à près de 70 ans, elle se rend à une manifestation féministe contre les violences domestiques organisée par l'ONG Take Back the Night, avec sa compagne Cynthia Rich. Assistant à l'événement, un agent des forces de l'ordre approche et tente de séparer Barbara des autres manifestantes – toutes très jeunes –, au motif qu'« elle ne pourra pas suivre ». Barbara refuse. Le policier insiste. Pendant toute la conversation, il ne s'adresse pas à elle, mais à Cynthia. Comme s'il considérait que Barbara était trop vieille – limite sénile – pour entendre raison.

Bien sûr, les lignes ont bougé depuis. Mais il y a encore une marge de progrès. Caroline, 69 ans, a vécu une expérience similaire à celle de Barbara en se rendant à une manifestation contre le racisme et les violences policières, à Paris, en juin 2020. « Je n'étais pas allée à une marche de ce genre depuis une bonne vingtaine d'années, mais ma nièce, très engagée, m'avait convaincue d'y participer, raconte-t-elle. Je m'y suis rendue avec une ancienne collègue, Annie. Bien sûr, il y avait des personnes de tous les âges, y compris des plus vieux que nous. Mais la prime à la parole était à la jeunesse. Annie a raconté un souvenir des manifs de mai 68, mais David, le fiancé de ma nièce, qui ne l'écoutait même pas, nous a soudain lancé : “Je ne voulais pas que vous veniez, toutes les deux. Vous devriez rentrer, maintenant. Ça ne va pas tarder à chauffer, ici : je ne veux pas être responsable si vous êtes blessées ou si vous chopez le Covid." Responsable ? Cela nous a horrifiées : lui, le gars de la bande, nous considérait comme un poids à gérer. Il estimait que manifester n'était plus de notre âge ! » Épaules carrées et d'allure sportive, Caroline est pourtant du genre solide. Lorsque je lui dis que, dans un mouvement de foule, c'est à elle que je m'agripperais sans hésiter pour ne pas tomber, elle sourit : « Ah, merci ! Je cours certainement plus vite que cet imbécile de David, déjà tout empâté, et je fais du cardio-training chaque semaine. D'ailleurs c'est demain, tu veux venir ? » Je décline poliment. À côté d'elle, à cracher mes poumons sur les machines, j'aurais l'air ridicule.

Les femmes, on l'a dit, tombent du côté des invisibles en vieillissant. Dans la cité, elles sont comme une commode Louis XVI au milieu d'un salon suédois : elles dépareillent. Et cette situation, injuste et douloureuse, ne date pas d'hier. La place des femmes dans l'espace public, quel que soit leur âge, était déjà problématique dans la Grèce antique : « Une femme en public est toujours déplacée », écrivait ainsi le philosophe et mathématicien Pythagore.

Dans les rues, la nuit, face aux inconnus posant les yeux sur elles, face aux autres femmes avec qui elles échangent, parfois, un regard entendu, c'est par leur corps que les femmes appréhendent la ville. Une expérience particulière commune à toutes, parfois agréable. Parfois violente, aussi, lorsqu'il s'agit de harcèlement. Les « salope », « tu baises ? », « pétasse », les inopportuns et pas si innocents « oh mademoiselle t'es jolie », « c'est quoi ton 06 ? » lancés par des hommes imaginant peut-être séduire – ou n'imaginant rien du tout, plus probablement.

Marie, la cinquantaine, l'a expérimenté, comme beaucoup d'autres. Originaire de Paris, elle a vécu un an au Japon avant de s'installer à Marseille. « J'adorais le calme nippon, le respect de l'autre et des distances intercorporelles, raconte-t-elle. Le contraste avec Marseille fut brutal : les hommes se permettaient des remarques sur mon passage, sifflaient, lâchaient des "vous êtes charmante" parfois sympathiques, parfois graveleux, mais toujours dans le jugement quant à mon apparence. Ç'a été très dur à vivre. Mais les années ont passé et, après 40-45 ans, les remarques se sont espacées. Puis elles ont totalement cessé. Je me demande parfois : est-ce parce que je me suis habituée ou, plus certainement, parce que j'ai vieilli ? »

Au tout début, Nora, 58 ans, appréciait d'avoir enfin la paix. Elle vit près de Bastille, à Paris. Pour rentrer chez elle, rue de Charonne, elle remonte la rue de Lappe, dont les bars sont très fréquentés de nuit. Elle me tire par le bras pour m'entraîner, tenant à me montrer où elle vit. « Avant, les soûlards et dragueurs lourds m'importunaient régulièrement lorsque je rentrais tard. Mais depuis quelques années, on m'allume beaucoup moins. Voire plus du tout. Je me demande si ce n'est pas pire : l'autre jour, à la sortie du métro, je me suis fait tirer mon sac à main. J'ai hurlé, couru : impossible de rattraper le type. J'ai l'impression d'être passée de la fille qu'on drague à la femme qu'on détrousse. Je ne suis plus rassurée lorsque je marche seule la nuit, à cause de cela. Je n'ai plus peur du viol, mais du vol. » À ces mots, quelque chose se brise dans sa voix. Elle est en colère mais il y a aussi, dans son regard, une douleur à propos de laquelle je n'ose pas l'interroger.

On aurait pu imaginer qu'en devenant invisible, la femme mûre soit désormais libérée de la peur qui, parfois, enserre les cœurs féminins dans la ville. Mais au contraire, celle-ci change de nature. Elle n'en est pas moins violente : l'agression potentielle porte toujours sur le corps.

Invisible le jour, mise à l'écart dans les endroits prisés par les jeunes, menacée la nuit. De l'évolution de son statut dans l'espace public la femme âgée tirera soulagement, colère ou angoisse et, dans bien des cas, le sentiment d'une aliénation. Celui de subir, encore, un statut qu'elle n'a pas choisi. Et cela ne s'arrange pas avec le très grand âge. « Les très vieilles, celles qui boitillent sur le trottoir, traînant lentement leur chariot au marché, on ne les voit plus, elles se fondent dans le décor, observe l'artiste québécoise Suzanne Boisvert qui travaille sur les questions liées à l'âge. Il en résulte un hiatus : on imagine que tous les vieux – et surtout les vieilles, dont l'espérance de vie est plus longue – sont dans des Ehpad où on les cache loin de nos yeux pour les y laisser mourir, alors que la majorité vivent toujours chez eux, parmi nous. »

Il y a quelques années, Suzanne a lancé le projet « Nous, les femmes qu'on ne sait pas voir » avec La Marie Debout, un centre de femmes situé dans Hochelaga-Maisonneuve, un quartier populaire de Montréal. Beaucoup des femmes du centre souffrent de l'invisibilisation liée à l'avancée en âge. Pour les aider, pour construire un « chemin d'émancipation » avec elles, Suzanne et quelques autres ont monté un atelier artistique, qu'elles ont ensuite proposé à d'autres centres du Canada.

Comment délier la parole lorsque les maux des femmes restent bloqués dans leur gorge, souvent informulés et diffus – le deuil, la maladie, la peur de la mort ? Comment jeter des ponts entre les générations, mettre à l'aise ? Par la danse, répond Suzanne. Dans ses ateliers, elle mêle récits, dessins, lectures et danse en cercle, où chacune se meut librement. Au début, les participantes hésitent. Puis, au fil des heures, les inhibitions tombent ; les femmes (et les hommes, également invités) frémissent, piétinent, guinchent en ronde. Peu à peu, la danse prend comme un feu sauvage et quelque chose d'incroyable se produit. « Grâce à la libération des corps par le mouvement, les mots fusent, explique Suzanne. La parole s'incarne et jaillit. »

L'artiste suggère des images, les femmes en donnent d'autres. Éprouver par et grâce à l'art devient alors un sentiment plus puissant que la peur de vieillir, raconte-t-elle. « Les femmes changent de regard : à quoi ressemble une main fripée de vieille ? Au tronc d'un arbre plongeant de puissantes racines dans le sol. Oui, vieillir a quelque chose de monstrueux : explorons cette monstruosité-là, car on découvrira peut-être que la beauté n'est pas dans la jeunesse. Elle est dans la vivance. » Vivance : ce néologisme prisé des sociologues, inspiré de l'espagnol *vivencia*, décrit la capacité de sentir la vie vibrer en soi.

Incarner, animer les corps pour en libérer la parole et en faire jaillir une vitalité inédite : voilà qui offre un regard délicieusement subversif sur les chairs vieillissantes.

3. LES RIDES À L'ÈRE DU CAPITALISME

Ce qu'il y a de terrible, dans le fait de vieillir, ce n'est pas d'être vieux mais de rester jeune.

Oscar Wilde

Aux grilles de lecture précédentes, il est essentiel d'ajouter une perspective économique. Parce qu'il est impossible de saisir la trajectoire suivie par les femmes de plus de 50 ans dans nos représentations si l'on ne comprend pas comment le capitalisme a influencé celles-ci dès ses prémices, en donnant une valeur productive à certaines activités, mais pas à d'autres, puis en créant un immense marché autour de la jeunesse et de la lutte anti-âge. « Dans nos sociétés hyper-productivistes, la productivité du corps jeune est valorisée et jugée comme la plus élevée », résume la thérapeute psychanalytique Odile Chabrillac. Mais pas seulement le capitalisme, auquel on impute parfois trop facilement tous les maux d'aujourd'hui. Car, en vérité, il faut remonter bien avant. Un court détour (c'est promis) s'impose pour cerner l'origine de l'incroyable arnaque dont nous souffrons encore aujourd'hui : l'immense cécité collective sur le travail des femmes.

Dès l'origine, la pensée économique a méprisé les activités domestiques

– C'est joli ce que vous faites là, madame Bouchavel, ce sont des robes de poupée ?
– Oui, que je couds à domicile.
– Est-ce que les femmes travaillent dans les champs par ici, dans les vignes ?
– Dans les vignes, non, ce sont les machines qui ont remplacé les femmes. Du coup, elles ont le temps de travailler chez soi.
– Et vous, qu'est-ce que vous faites en dehors de ces poupées ?
– Je m'occupe de mes enfants, de mon ménage. C'est tout.
– Vous êtes agent d'assurance, aussi.
– Oui, secrétaire dans une coopérative.
– Mais il y a un détail : dans les assurances, c'est votre mari qui est inscrit.
– C'est exact : c'est lui qui est inscrit, c'est moi qui fais le travail, et c'est lui qui est remercié.
– C'est lui qui est responsable, mais c'est vous qui faites tout le travail.
– Voilà, c'est ça.
– La raison, c'est qu'à l'époque, quand vous vous êtes engagée, on ne prenait que des hommes.
– Oui.

Cette discussion entre un journaliste et Mme Bouchavel est tirée d'un reportage sur les couturières à domicile dans le Sud de la France, daté du 4 janvier 1974[1]. Elle en dit long sur les ambiguïtés émaillant le travail des femmes. Mme Bouchavel est couturière à domicile. Lorsque le journaliste lui demande ce qu'elle fait à part cela, elle

1 Archive ORTF « Couturière à domicile », rediffusée sur France Culture dans *Le Cours de l'histoire, Histoire du travail à domicile*, épisode 4 : « Femmes au foyer, histoire d'un travail invisible ».

évoque les tâches domestiques, « c'est tout », oubliant les fonctions d'agent d'assurance qu'elle tient en lieu et place de son mari. À côté de l'emploi rémunéré de monsieur, il y a le double travail invisible de madame : l'assurance et la gestion du foyer. Si son époux était artisan, peut-être s'occuperait-elle de sa comptabilité ou des relations avec les fournisseurs, sans que ce travail-là n'apparaisse nulle part. Comme l'ont longtemps fait, et comme le font encore, beaucoup de compagnes de petits commerçants ou d'indépendants.

Vous avez sûrement lu ou entendu, vous aussi, ce genre de phrases : « les femmes sont entrées sur le marché du travail lors de la Première Guerre mondiale » ou encore « la participation des femmes au marché du travail s'est généralisée dès les années 1970 ». Ce n'est pas tout à fait vrai. D'un certain point de vue, c'est même complètement faux. « Il est plus juste de dire : les femmes sont arrivées sur le marché du travail pendant la Première Guerre mondiale dans des métiers interdits », c'est-à-dire ceux inaccessibles jusque-là à leur sexe, souligne l'historienne Sylvie Schweitzer, dans un ouvrage sur le sujet[2].

Rétablissons d'emblée quelques vérités : oui, les femmes ont toujours travaillé. Non, le travail des femmes ne s'est jamais réduit aux seules tâches domestiques, et elles ont rarement été complètement reléguées dans les salons pour faire de la figuration. Le vrai problème fut plutôt, pour elles, d'accéder aux travaux salariés hors du domicile. « Les

2 Sylvie Schweitzer, *Les femmes ont toujours travaillé. Une histoire du travail des femmes aux XIXe et XXe siècles*, Odile Jacob, 2002.

femmes ont éprouvé de réelles difficultés à obtenir le droit au salariat pour des raisons pratiques d'économie familiale autant que pour des questions de principe : pouvait-on vraiment reconnaître aux femmes, membres d'une famille à laquelle elles étaient incorporées, ce statut d'individu qu'établissait le salariat ? » écrit Michelle Perrot[3].

Oui, les femmes ont toujours fait des affaires, pour leur propre compte ou, plus souvent, pour celui de leur couple, ce qui a eu pour effet de les rendre invisibles, à l'instar de Mme Bouchavel. L'histoire, écrite par les hommes, empreinte de stéréotypes, a sous-estimé la participation des femmes à la vie économique de la nation. Pire encore, les statistiques, dans lesquelles la notion de « profession » n'a été introduite qu'en 1851, les ont longtemps oubliées, tandis que le concept de population active ou inactive n'apparaît que très tard, souligne Françoise Battaglia dans son ouvrage *Histoire du travail des femmes*[4]. Il en a résulté de nombreux biais : la femme était tantôt classée sous la profession de son mari, comme les enfants, tantôt classée sans profession. D'autant que les recenseurs n'étaient pas toujours rigoureux dans certaines régions. S'ajoutent à cela les flux et reflux liés à l'évolution des codes civil et pénal, limitant plus ou moins leurs droits : salarier une femme, c'est lui reconnaître un statut d'individu à part entière, plus uniquement subordonné à l'époux.

En outre, la participation à la vie active a beaucoup varié selon la classe sociale, le secteur d'activité et l'état marital.

---

3 Michelle Perrot, Jean Lebrun, *La place des femmes. Une difficile conquête de l'espace public*, Textuel, 2020.

4 La Découverte, coll. « Repères », 2008.

Comme le montrent les travaux de Michelle Perrot, une certaine résistance au travail des femmes se manifestait ainsi au sein des milieux populaires, qui avaient besoin de leurs ménagères. Mais dans le même temps, un salaire unique permettait rarement la survie. « Beaucoup d'ouvrières détestaient le travail en usine, mal payé, souvent dangereux ou malsain, sans possibilité de promotion, quand il ne fallait pas subir un contremaître pinceur de fesses, commente Béatrice Craig, professeure d'histoire à l'université d'Ottawa. Elles décrochaient au mariage ou à la première grossesse si elles en avaient la possibilité. Les domestiques vivant chez leur patron n'avaient pas le choix, le mariage les obligeait à passer à autre chose. »

La prise en compte des femmes travaillant avec leur mari dans les commerces ou l'agriculture a toujours été compliquée. Ce n'est pas tout : les activités ayant une valeur économique pour la famille mais ne se traduisant pas par un salaire ou une rémunération ont toujours compté pour du beurre. C'est notamment le cas de l'économie informelle : la culture de légumes pour la consommation familiale ou destinée à la vente pour compléter les revenus, les petits travaux et autres services rendus, indispensables à la survie... « Tout cela n'entre pas dans l'économie de marché, et donc n'intéresse pas les théoriciens de l'économie », résume Béatrice Craig. Ceux-là ont une grande responsabilité, car en choisissant ce qui est productif et ce qui ne l'est pas en fonction de critères biaisés par le patriarcat, ils ont contribué à forger une vision de l'activité économique dévalorisant systématiquement toute tâche supposée relever du féminin.

Prenez Adam Smith, l'inventeur de la fameuse « main invisible », père du libéralisme et auteur de *La richesse des nations*, cet ouvrage fondateur de la discipline qu'un certain nombre d'économistes citent régulièrement. Dans un essai aussi passionnant que drôle, *Le dîner d'Adam Smith*[5], l'écrivaine suédoise Katrine Marçal se penche sur son cas, afin de décrypter pourquoi les bases théoriques qu'il a jetées sont fortement marquées par un biais sexiste imprégnant toute l'histoire de la pensée économique. Le raisonnement d'Adam est le suivant. Si tous les soirs un dîner l'attend sur la table, ce n'est pas parce que le boucher et le boulanger l'aiment bien, mais parce qu'ils poursuivent leur intérêt personnel : lui vendre leurs produits pour gagner leur vie. En poursuivant leurs intérêts individuels, ils contribuent au bien-être collectif – c'est la main invisible. À première vue, la logique est implacable. Adam Smith, dans son raisonnement bien huilé, a néanmoins oublié un léger détail : sa mère. Car sans elle, non seulement le dîner non cuisiné ne serait pas arrivé sur la table, mais en plus, la viande et le pain, qu'il a bien fallu aller chercher, seraient toujours en boutique.

Cette omission concerne à peu près toutes les tâches domestiques : la lessive, la cuisine, le ménage, les courses, la couture, les divers travaux intérieurs ou extérieurs à la maison, sans oublier le soin aux enfants et aux parents âgés. Toutes ces activités sont aussi essentielles au bien-être collectif que la fabrication des automobiles, mais par

---

5 Katrine Marçal, *Le dîner d'Adam Smith. Comment le libéralisme a zappé les femmes et pourquoi c'est un gros problème*, Les Arènes, 2019.

convention, par choix, elles ne sont pas incluses dans la mesure des activités jugées productives. « Derrière la main invisible, il y a le sexe invisible », résume Katrine Marçal.

À aucun moment Adam Smith et ses disciples n'ont, semble-t-il, envisagé que les mères et épouses n'agissaient pas toujours par altruisme et dévotion. Mais aussi parce que, dépendant économiquement et juridiquement de leur mari, elles n'avaient guère le choix. D'une certaine façon, leur comportement était également guidé par l'intérêt personnel.

Cette exclusion des tâches domestiques de l'ensemble des activités productives, reflet de la misogynie de l'époque de Smith, persiste encore aujourd'hui : le produit intérieur brut (PIB) tel que mesuré par nos statisticiens ainsi que toutes nos politiques publiques dépendant du taux de croissance afficheraient des courbes bien différentes si la science économique avait inclus les femmes dans le calcul de la richesse. Ce mépris du domestique explique également pourquoi les métiers liés au care, au soin, sont si mal payés, alors même que la pandémie a révélé à quel point ils sont vitaux à nos sociétés.

Revenons à l'histoire. À la fin du XIXe siècle, en raison de la chute de la natalité observée depuis le XVIIIe siècle, la balance démographique française est à peine équilibrée. Les débuts de l'industrialisation créent un appel d'air : les bras manquent, d'autant que les lois successives interdisent le travail des enfants, puis les envoient, sans dérogations possibles, sur les bancs de l'école. Dès lors, le patronat se montre nettement moins réticent à employer des femmes.

Du moins, pour les tâches peu qualifiées. Résultat : le taux d'activité des Françaises progresse. Pendant la Première Guerre mondiale, elles remplacent les quelque 8 millions d'hommes partis au front – soit 60 % des actifs, si bien que leur part dans le commerce et l'industrie bondit de 32 à 40 % entre 1913 et 1917. Mais après la guerre, cette part reflue : les munitionnettes et autres employées sont renvoyées dans leurs foyers, conformément aux rôles traditionnels. Elles s'infiltrent néanmoins peu à peu dans les bureaux, où les emplois se féminisent (les secrétaires débarquent), permettant aux hommes de monter en qualification.

Dans les années 1970, les femmes mariées et mères sont massivement salariées. Leur taux d'activité, tel que défini par les statistiques, augmente. « La croissance de la participation des femmes à la vie active dans la deuxième moitié du XXe siècle ne veut pas automatiquement dire que les femmes jouent un plus grand rôle dans l'économie, mais que les lieux et les modalités de leur participation ont changé et sont devenus visibles – et surtout, visibles aux yeux des statisticiens et autres augustes instances du même genre », insiste Béatrice Craig, sacrément remontée contre ces messieurs.

Les femmes sont de plus en plus diplômées. Elles occupent les métiers jusque-là réservés aux hommes. Aujourd'hui, leur taux d'activité est de 70 % en France, selon Eurostat. Mais il est encore inférieur au taux masculin (77,8 %). Et, sans surprise, l'écart reste très fort selon les âges. Le taux est ainsi de 84,6 % pour les femmes de 25 à 49 ans (contre 92,1 % pour les hommes), mais il tombe à 78,4 % pour celles de 50 à 59 ans (86,4 % pour les hommes), puis à 36 % seulement pour les femmes de 59 à 64 ans (39,8 % pour les hommes) !

Surtout : malgré ces progrès considérables, les inégalités de genre demeurent très fortes sur le marché de l'emploi. Les femmes sont surreprésentées dans les métiers du soin, les postes précaires, les temps partiels. En moyenne, à travail égal, leur salaire est 16 % inférieur à celui des hommes, toujours selon Eurostat. Les congés maternité, mais pas seulement, continuent de freiner leur carrière. « En France, les femmes effectuent en moyenne 70 % du travail domestique (ménage, cuisine, linge) », rappelle Hélène Périvier[6].

Même si les hommes s'occupent un peu plus des enfants, la division sexuée des tâches à la maison n'a guère bougé. « Cela affecte l'activité des mères : après une naissance, une femme sur deux ajuste son activité professionnelle, contre un homme sur neuf ; alors que 90 % des femmes qui n'ont pas d'enfant à charge sont actives, elles sont deux fois moins nombreuses lorsqu'elles ont trois enfants à charge et que l'un est âgé de moins de trois ans. Ceci a des conséquences durables sur les carrières, les salaires des femmes et, in fine, leurs droits à la retraite », écrit Hélène Périvier. Voilà qui explique largement la situation sociale et financière bien moins favorable des femmes de plus de cinquante ans (je vous avais promis qu'on y arriverait !) au regard de celle des hommes.

6 *L'économie féministe*, Presses de Sciences Po, 2020.

Barbara Rich souligne à juste titre qu'en définissant ce qui est productif ou non – et donc, les individus capables ou non d'activités productives –, le capitalisme jette l'opprobre sur une partie non négligeable de la société : les dépendants, les handicapés, les fragiles, les faibles, les femmes et, bien sûr, les vieux. Surtout lorsqu'ils ne sont pas susceptibles de contribuer à la consommation par leur porte-monnaie. Autant dire que pour les vieilles, statistiquement plus pauvres, la peine est double.

Les femmes vivent plus longtemps, avec moins de revenus

En France, on l'a dit, l'espérance de vie des femmes est de 85,6 ans en 2019, contre 79,8 ans pour les hommes, selon l'Insee. Dans le monde, on recense 153 supercentenaires (plus de 110 ans), dont trois hommes seulement. C'est un fait : les femmes vivent plus longtemps que les hommes. Pourquoi, au juste ?

En vérité, on ne sait pas trop. Longtemps, les scientifiques ont expliqué cet écart par l'alimentation, le mode de vie et les fameuses hormones : les hommes auraient plus de conduites à risque. Les femmes, en revanche, prendraient davantage soin d'elles, boiraient moins et seraient plus attentives aux signaux envoyés par leur corps. En outre, les œstrogènes les protégeraient mieux des maladies vasculaires durant la première partie de leur vie, elles seraient certes affectées par l'ostéoporose et l'arthrose, mais moins sujettes au diabète que les hommes, et leur système immunitaire vieillirait mieux.

Seulement voilà : lorsqu'ils prennent un peu de recul, notamment pour comparer notre espèce à celles du monde animal où les femelles ne vivent pas plus longtemps que les mâles, les scientifiques constatent que certaines de ces hypothèses tombent à l'eau. Une série d'études plus ou moins contradictoires sèment en particulier le doute sur le rôle supposément protecteur des œstrogènes et de la génétique. Les chercheurs les plus prudents et avisés en concluent donc – au moins provisoirement – que la longévité des femmes est le fruit d'un cocktail de nombreux facteurs, où le culturel a sans doute aussi sa part.

Reste que ces années de vie en rab ne sont pas toujours une bonne nouvelle, car les inégalités de genre ont tendance à s'aggraver avec l'âge. À cet égard, les vieilles sont particulièrement mal loties. Selon une étude du service statistique du ministère de la Santé (DREES) publiée en 2021[7], 16,7 millions de retraités touchaient, en 2019, une retraite moyenne de 1 503 euros bruts par mois. Mais, dans le détail, le montant était de 1 145 euros pour les 8,7 millions de retraitées femmes, contre 1 924 euros pour les 7,9 millions de retraités hommes, soit un écart de 40 %. Certes, la différence chute à 28 % si l'on prend en compte les pensions de réversion touchées par les femmes lorsque leur époux décède, mais elle reste considérable. Elle tient aux inégalités accumulées durant la vie professionnelle : les retraitées françaises ont validé, en moyenne, 38,2 années de carrière, contre 40,3 pour les hommes. Même lorsqu'elles ont réalisé une carrière

7 Sous la direction de Franck Arnaud, « Les retraités et les retraites », DREES, collection Panoramas, mai 2021.

complète, elles touchent une retraite plus petite. Et pour cause : à poste égal, leur salaire est moins élevé que celui des hommes. En outre, elles occupent moins souvent des postes de cadres et sont plus nombreuses dans les secteurs moins rémunérateurs comme les services, dont le fameux care, ou le commerce de détail. Enfin, elles sont surreprésentées parmi les personnes veuves du fait de leur longévité, ce qui les fragilise un peu plus encore financièrement.

Heureusement, ce fossé se réduit au fil des générations, à mesure que les carrières des femmes s'améliorent et sont moins interrompues par les grossesses. Toujours selon la DREES, les femmes retraitées de la génération de 1930 percevaient une pension (hors pension de réversion) de 54 % inférieure à celle des hommes en 2019, contre « seulement » 31 % pour celle de 1953. Malgré ces progrès, une rapide comparaison avec les pays voisins montre néanmoins que la France n'est pas très bien placée. Selon l'Organisation de coopération et de développement économiques (OCDE)[8], l'écart de pension entre hommes et femmes de plus de 65 ans est de 25 % en moyenne dans les pays européens. Le taux est d'un peu plus de 30 % pour la France, réversion comprise[9]. C'est mieux que l'Allemagne et les Pays-Bas, où l'écart dépasse les 40 %, en grande partie en raison d'un temps partiel féminin élevé

8 « Wide gap in pension benefits between men and women », rapport de l'OCDE, mars 2020.

9 Le chiffre n'est pas identique à celui de la DREES car il s'agit ici des plus de 65 ans, et la base de calcul des revenus est un peu différente.

dans ces pays. Mais moins bien que la Suède, la Finlande et, surtout, le vertueux Danemark, où la différence est de moins de 10 %.

Sans surprise, il en résulte que le taux de pauvreté des plus de 75 ans est, en France, plus élevé chez les femmes (8,9 %, selon l'Insee) que chez les hommes (6,9 %). Une note positive, malgré tout : si la grande pauvreté existe aussi chez les vieux, elle est beaucoup moins forte que dans l'après-guerre, en raison de l'instauration, en 1956, du minimum vieillesse, cette allocation versée aux plus de 65 ans disposant de peu de ressources. Grâce à cela, les plus de 65 ans sont aujourd'hui moins pauvres (8,3 %) que les moins de 65 ans (14,6 %) et que les moins de 18 ans (19,9 %), quel que soit leur genre.

À ce propos, il est important de comprendre que la pauvreté des enfants, qui suscite régulièrement l'émoi dans les journaux, est en vérité celle des familles monoparentales, qui sont pour plus de 80 % des mères célibataires. Le taux de pauvreté de ces familles-là est de 34,9 %. Et il dépasse les 70 % pour les mères sans activité... Pour ces dernières, la retraite ne sera pas fastueuse.

Il ne fait pas bon vieillir en entreprise (surtout quand on est une femme)

– On a un call avec l'équipe demain après-midi, on doit leur envoyer les slides *asap*. Christine, *are you with us* ?

– Bien sûr.

– On doit penser à la stratégie com'. Qu'est-ce qu'on fait sur les RS : Snapchat, TikTok, Periscope ? Il faut être présents avec du *content* innovant, toucher les influenceurs. Christine, une idée ?

Christine[10] a 54 ans. Le groupe de médias où elle travaille imprime des magazines et produit du contenu en ligne. Depuis quelques années, face aux difficultés de la presse, la direction a embauché une armée de jeunes issus du marketing dans l'espoir de redresser les ventes. « Je n'ai rien contre eux, nous avons le même objectif : sauver nos titres, raconte Christine. Mais ils me voient comme un dinosaure. Ils se demandent ce que je fiche encore là et n'imaginent pas une seconde que mes trente ans d'expérience dans la presse pourraient leur apporter quelque chose. » Leur grand jeu, en sa présence, est de multiplier les anglicismes et les références aux réseaux sociaux, afin de voir si elle suit. Et de se moquer d'elle si elle est larguée.

Christine suit, bien sûr. Elle sort son téléphone pour me montrer son compte Instagram, où elle publie régulièrement des *stories* dévoilant ses dernières prouesses culinaires. Elle est sur TikTok et Snapchat, connaît sur le bout des doigts toutes les tendances du moment : jamais elle ne sera prise de court côté innovation des réseaux sociaux. Sa nièce de 14 ans la met régulièrement à jour sur les influenceurs et autres youtubeurs à la mode chez les ados ; elle est in-co-llable. Mais elle ne se fait guère d'illusions : « Mon groupe souffre de jeunisme aigu, comme si seuls les moins de 40 ans étaient capables de trouver la recette magique pour relancer les ventes. Tôt ou tard, ils me ficheront à la porte. »

Frédérique Picard Le Bihan, 56 ans, a travaillé pendant des années à la direction marketing de Heineken, BNP

10 Son prénom a été modifié à sa demande.

Paribas ou encore Heinz. « À 37 ans, déjà, j'ai commencé à sentir la pression des plus jeunes derrière moi », raconte-t-elle. 37 ans ? « Oui. Et les femmes en poste à la direction, qui avaient sacrifié leur vie personnelle pour en arriver là, en adoptant les codes masculins, ne m'inspiraient guère. Je n'avais pas envie de leur ressembler. Cela me révoltait : les femmes étaient traitées différemment en entreprise, ça n'a pas tellement changé depuis. »

Elle a fini par tout plaquer pour créer sa propre agence de marketing. Après quelques aventures aux États-Unis et un tour de l'Atlantique en voilier avec ses quatre enfants, elle a lancé Dare Women, une association dont le but est d'accompagner les femmes pour les aider à oser. Car, trop souvent, par modestie ou manque de confiance en elles, dévorées par le doute quant à leurs capacités, les femmes hésitent à solliciter une promotion, demander une augmentation ou lancer leur propre entreprise. Les hommes se posent en général beaucoup moins de questions.

Le cas de Christine est peut-être extrême. Celui de Frédérique est hors du commun. Il n'empêche : beaucoup d'entreprises, on l'a dit, considèrent qu'à 45 ans les salariés basculent du côté des seniors. « 45 ans, alors que l'espérance de vie ne cesse de s'allonger : c'est ridicule ! » s'agace Sophie Dancourt, du média J'ai piscine avec Simone. Bien sûr, il ne s'agit pas d'un problème exclusivement féminin. Pour les hommes aussi, vieillir en entreprise est difficile. Pour eux non plus, il ne fait pas bon se retrouver sur le carreau lorsqu'on est un manager de plus de 50 ans. Dans le roman de Pierre Lemaître *Cadres noirs*[11], Alain Delambre, ancien DRH de 57 ans au bout du rouleau, accepte de participer à une simulation de prise d'otages, censée être l'ultime étape du recrutement au poste qu'il convoite. Mais la situation dérape : Delambre est si désespéré qu'il va jusqu'à emprunter de l'argent afin de se former à la prise d'otages auprès d'un gros dur…

Oui, les hommes en bavent aussi, passé 50 ans. Mais la situation des femmes est plus délicate encore. « Elles arrivent à ce cap avec un écart de salaire notable par rapport aux hommes, analyse la sociologue Mélissa Petit. Elles cumulent plus de handicaps depuis leur entrée sur le marché du travail, résultant plus largement des stéréotypes de genre qui, dès le plus jeune âge, les ont conditionnées à choisir un métier plutôt "féminin", à moins montrer leur ambition, à moins réclamer d'argent et d'augmentations. »

Ainsi, 29,6 % des femmes de 50-64 ans travaillent à temps partiel, selon Eurostat, contre 8,2 % seulement des hommes. En 2019, le taux d'activité des femmes de 50 à 64 ans (c'est-à-dire la proportion de celles en emploi ou en recherche d'emploi par rapport au nombre total de femmes du même âge) était de 65,9 %. Il est certes 25 points plus haut qu'au début des années 1980. Mais il est encore très inférieur à celui des hommes (72 %).

Le rapport commandé sur les femmes seniors remis par le Conseil supérieur de l'Égalité professionnelle entre les femmes et les hommes (CSEP)[12] au gouvernement en

---

11 Calmann-Lévy, 2010.

12 *Les femmes seniors dans l'emploi – État des lieux*, rapport élaboré par le Conseil supérieur de l'Égalité professionnelle entre les femmes et les

juin 2019 atteste également que celles-ci souffrent plus de l'âgisme : 16,9 % des femmes ont subi une expérience de discrimination liée à l'âge contre 13,8 % des hommes, et 76 % estiment que leur âge est un frein à leur projet de carrière. Du coup, elles dévalorisent systématiquement ou presque leur valeur professionnelle : 95 % des femmes seniors interrogées se disent prêtes à faire des concessions sur le montant du salaire, la durée du contrat et même l'intérêt pour le poste ou le niveau de responsabilités pour retrouver un emploi.

C'est précisément pour lutter contre ces discriminations et cette auto-dévalorisation qu'une bande de cheffes d'entreprises a créé en 2005 Force Femmes, une association accompagnant les femmes de plus de 45 ans dans l'emploi. « Oui, elles se dévalorisent terriblement, témoigne Élise Moison, déléguée générale de l'association. Elles sont convaincues de ne pas avoir de réseau. Elles n'osent pas postuler lorsque leurs compétences correspondent à moins de 80 % de la fiche de poste, là où les hommes se posent moins de questions. Elles parlent d'elles-mêmes en termes excessivement modestes, voire négatifs. » Les faiblesses classiques des femmes, en somme, mais encore exacerbées.

Bien souvent, ces femmes seniors se censurent en raison des responsabilités qui les attendent à la maison : les ados lorsqu'ils sont encore là, mais aussi les parents vieillissants, lorsqu'il faut assumer leur entrée en dépendance. « Elles

hommes (CSEP), en partenariat avec l'Agence nationale d'amélioration des conditions de travail (ANACT) et la Délégation générale à l'emploi et à la formation professionnelle (DGEFP), juin 2019.

sont la génération sandwich, qui doit tout assumer. Difficile d'avoir une vie professionnelle sereine lorsqu'on se retrouve ainsi prise en étau », ajoute Élise Moison.

Le profil type de celles que l'association accompagne est le suivant : 51 ans, célibataire, avec des enfants ou parents à charge, inscrite à Pôle emploi depuis moins de deux ans. L'accompagnement dure en moyenne 9 mois – 18 mois lorsqu'il s'agit de création d'entreprise. Au programme : travail sur la confiance en soi, redéfinition du projet professionnel, coaching en atelier ou en solo, avec une personne bénévole travaillant par ailleurs dans les ressources humaines.

« J'aurais adoré bénéficier de ce genre de conseils », confie Myriam, ancienne assistante de direction. Après avoir perdu son poste à 57 ans, elle a enchaîné les missions d'intérim avant de partir en retraite anticipée. « Tout a commencé à dérailler lorsque mon supérieur a remarqué que j'avais des bouffées de chaleur : "Alors, Myriam, un petit coup de chaud ?" Cela m'a complètement déstabilisée. J'ai progressivement perdu confiance en moi, si bien que lorsqu'on m'a gentiment poussée vers la porte, je n'ai même pas résisté. »

Myriam, comme Christine et Frédérique, a eu le sentiment que son expérience comptait pour des prunes, du moins en entreprise. Car dans le conseil, juge Frédérique, celle-ci est au contraire plutôt valorisée : « Le vieux con en entreprise devient un vieux sage lorsqu'il passe dans le conseil. » Voilà qui en dit long sur nos contradictions collectives : des firmes se débarrassent des seniors, mais s'offrent leurs compétences lorsqu'ils les proposent depuis un cabinet extérieur. Cela s'appelle l'externalisation (les jeunes collègues de Christine diraient outsourcing) et permet de réduire les coûts fixes. Du moins, à court terme. Car mettre les têtes grises à la porte, c'est aussi se priver de la transmission du savoir dans les équipes, ce bien si précieux qu'il est impossible d'en estimer la valeur.

Les rares femmes qui parviennent à se hisser jusqu'à la tête d'entreprises ou de hautes fonctions sont-elles immunisées contre le jeunisme par le pouvoir acquis ? Oui, dans une large mesure. Mais pas complètement.

Pantin, un après-midi ensoleillé de septembre. Deux blocs de béton et de verre trônent près du canal de l'Ourcq : entrepôts à céréales pendant l'entre-deux-guerres, bureaux des douanes puis temple en friche livré aux graffeurs, les Magasins généraux abritent aujourd'hui les salariés de l'agence de publicité BETC. Cheveux courts, Pataugas à talons ultra-hauts, Mercedes Erra me serre la main avec énergie et s'assoit près de la table basse où se dresse une pile de livres, coiffée par un ouvrage dédié à Sophie Calle.

À 66 ans, elle préside l'agence qu'elle a cofondée en 1995 avec Rémi Babinet et Éric Tong Cuong (le « E » de BETC est pour Erra). Sa famille a débarqué d'Espagne lorsqu'elle avait 6 ans. Elle ne parlait pas un mot de français. Mais elle s'est très vite débrouillée à l'école, a appris la langue, est devenue une élève brillante. Après un diplôme de HEC, elle est passée par plusieurs géants de la pub. Aujourd'hui, elle est aussi administratrice d'une série de grands groupes, comme Accor ou Havas. Féministe engagée, Mercedes Erra est une self-made woman impressionnante, par ailleurs mère de cinq enfants – preuve, s'il en fallait, qu'on peut réussir une carrière sans sacrifier sa vie personnelle.

Sur les inégalités entre les sexes, elle se montre intarissable : « Pour les femmes qui ne sont pas encore à des postes de pouvoir à 50 ans, il est très dur d'y accéder au-delà de cet âge. Beaucoup paient la somme des inégalités accumulées depuis le conditionnement des parents, qui en demandent plus aux garçons, dès l'enfance. » Elle plaide pour l'école républicaine, seule capable, à ses yeux, de redresser ce conditionnement si l'on s'en donne les moyens ; s'insurge contre le trop faible nombre de femmes dans les sciences ; rapporte ses souvenirs de mère, lorsque des profs lui proposaient des rendez-vous à des heures où elle avait des réunions professionnelles. « Je leur disais que je ne pouvais pas les annuler car je les dirigeais. Ils suggéraient alors que je m'interroge sur ce qui était prioritaire à mes yeux. »

Elle raconte aussi ce reportage télévisé sur la vie des dirigeants, où elle avait confié sa maniaquerie. Pour illustrer son propos, elle avait ouvert un placard de sa maison impeccablement rangé. « Après la diffusion, des gens sont venus me voir pendant des mois en disant : "C'est la patronne qui range ses placards." Ils n'en revenaient pas. Les dirigeants masculins ne parlent jamais de cela : le quotidien. Le concret, la vie de tous les jours. Ils sont dans l'abstrait, comme des super-héros. »

Mercedes Erra se dit chanceuse d'avoir un conjoint qui a largement fait sa part à la maison, avec les enfants. D'ailleurs, les femmes de pouvoir ne plaisent pas aux « hommes normaux », constate-t-elle. « Elles ont des maris différents, qui n'ont pas de problème d'ego. » Oui, elle a croisé beaucoup de machos durant son parcours professionnel. Si elle avait été un homme, estime-t-elle, elle aurait eu une carrière plus impressionnante encore, mais elle a préféré « faire des choix authentiques ». Ne jamais construire son réseau par utilitarisme.

Le tourbillon Mercedes s'interrompt un instant. J'en profite pour lui glisser une question : et l'âgisme, alors, y échappe-t-elle ? « Non, je le ressens aussi. » Comme cette fois où, après avoir donné une interview où elle évoquait l'importance de la transmission, elle a reçu des petits mots sonnant presque comme des cartons de condoléances. « Parce qu'une femme de plus de 60 ans parlant de transmission est forcément à l'agonie ou sur le départ ? Parce que cette valeur-là ne devrait avoir d'importance que pour les vieux déjà sur la touche ? »

Elle s'efforce de maintenir une présence régulière dans les médias, explique-t-elle. Pas par ego – elle laisserait volontiers d'autres le faire – et pas uniquement pour évoquer ses engagements féministes, mais parce qu'être visible « est une protection ».

Diriger une agence de publicité au service de groupes de cosmétiques qui alimentent le jeunisme ambiant n'entre-t-il pas, néanmoins, en contradiction avec ses convictions féministes ? Elle assure que les groupes en question bougent doucement, et que la publicité est au contraire un outil pour faire évoluer les mentalités. « D'ailleurs, je n'arrête pas de proposer au gouvernement de monter gratuitement des campagnes pour promouvoir la place des femmes. Mais il ne répond jamais ! »

Des femmes seniors à la tête de grands groupes, il y en a peu. Au moment où ces lignes sont écrites, un seul groupe du CAC 40 est dirigé par une femme : Engie, avec Catherine

MacGregor. Bien sûr, les choses changent doucement. En 2011, la loi Copé-Zimmermann a instauré un quota obligatoire de 40 % du « sexe sous-représenté » au sein des conseils d'administration. Et ça marche : en 2019, l'objectif était atteint dans les grands groupes. Mais pas encore dans les entreprises de 250 à 500 salariés, également censées respecter ce quota depuis le 1er janvier 2021, tandis que les conseils exécutifs et de direction, hauts lieux du pouvoir, restent encore désespérément masculins. Les postes sont toujours largement cooptés, notamment au sein de réseaux informels dont les femmes sont exclues. Catherine MacGregor risque d'être la seule femme au sommet d'une multinationale française pendant longtemps encore.

La peau lisse tu auras, tes cheveux tu teindras, un corps ferme tu garderas

– Elle a fait quelque chose.

– Non !

– Si.

– Tu crois ?

– Regarde bien. Il y a un truc.

– C'est vrai qu'elle a l'air plus jeune. Et ce n'est pas le bronzage.

Depuis qu'elle est rentrée de vacances, Sandrine soulève interrogations et rumeurs parmi ses amis, collègues et relations professionnelles. Elle est superbe. Personne n'a une idée précise de son âge, qu'elle tait. 52 ans ? 57 ? En ce mois d'octobre où l'inquiétude face la seconde vague de Covid-19 plisse les fronts, le sien apparaît particulièrement reposé. Et bien plus lisse qu'avant l'été.

– Du botox, c'est sûr.

– Ou un fil d'or sous la peau pour combler les rides, tu connais ?

– Ah non, c'est nouveau ? En tout cas, c'est réussi. Et discret.

– Pas si discret, puisqu'on a tous remarqué.

Face au visage de Sandrine, ses relations – mais surtout les femmes – hésitent entre mépris (« elle a triché ! ») et envie (« elle fait dix ans de moins, quelle chance ! »). Certaines songent à l'imiter. D'autres assurent que jamais, au grand jamais, elles ne mangeront de ce pain-là, assurant préférer le naturel ou par peur d'un ratage. D'autres encore se moquent gentiment : il faudrait qu'un lifting ne se voie pas, mais à quoi bon débourser des milliers d'euros pour un résultat invisible ?

Le cas de Sandrine soulève surtout une grande question : comment expliquer qu'une bande de femmes cultivées, féministes et indépendantes économiquement passent autant de temps à s'interroger sur la chirurgie esthétique ? Pourquoi dépensent-elles tant d'argent en produits anti-âge alors que, de toute façon, les rides coloniseront tôt ou tard leurs joues, lèvres, cou, front, mains ? Pourquoi une part de leur cerveau par ailleurs bien fourni reste-t-elle aussi poreuse au diktat de la jeunesse éternelle, dont elles se plaignent pourtant avec vigueur, et aux fausses promesses du marketing ?

Bien sûr, elles n'ont pas complètement le choix. Résister à l'injonction à ressembler à une jeune fille de papier glacé n'a rien de facile. En particulier pour celles aspirant à plaire : sur le marché de la séduction, les visages frais et lisses ont plus de chances de marquer des points que les trognes fripées. Mais pas seulement. « L'obsession contemporaine des femmes concernant leur apparence n'est plus essentiellement liée à la séduction des hommes, par exemple au désir de "décrocher" un mari pour avoir des enfants : elle est devenue anxieuse et anxiogène. Les femmes se retravaillent seules désormais, sous et pour le regard critique les unes des autres », écrit Nancy Huston[13], soulignant que nous sommes la première culture humaine où le maquillage quotidien des femmes semble normal. « Cela n'arrange pas les féministes que, tout en revendiquant la parité sur le plan politique, les femmes continuent de consacrer à leur corps une part prépondérante de leur temps et de leur budget », ajoute-t-elle, déplorant qu'avec l'allongement de l'espérance de vie, c'est bientôt pendant les trois quarts de leur existence que les femmes devront œuvrer à gommer les traces du temps.

C'est l'un des grands paradoxes du XXIe siècle : dans les pays occidentaux, les femmes se sont émancipées d'à peu près tous les carcans qui oppressaient leurs aïeules, mais elles se soumettent toujours aux autres contraintes qui pèsent sur leurs corps, lancées dans une course à la jeunesse d'autant plus absurde qu'elle est par nature vouée à l'échec, n'en déplaise aux transhumanistes.

Or cette course rapporte beaucoup d'argent. Car l'anti-âge au sens large est un marché juteux, si énorme qu'il est difficile d'en mesurer l'envergure. Certaines études estiment son chiffre d'affaires à 100 milliards de dollars

---

13 *Reflets dans un œil d'homme, op. cit.*

annuels dans le monde. Selon *Cosmétique Mag*, les soins antirides pesaient 162 millions d'euros en 2017 en France (dont 9,4 millions pour le bio) et les soins du visage au sens large, 274,10 millions d'euros[14]. *Cosmétique Mag* nous apprend également que les « cosméceutiques », ce marché né il y a trente ans aux États-Unis, à la croisée du cosmétique, du pharmaceutique et du médicament, est en plein essor. Les injections d'acide hyaluronique et de Botox pesaient déjà 3,6 millions d'euros en 2017, si bien que les cosméceutiques seraient sur le point de dépasser le marché des implants mammaires. Formidable !

Dans le même magazine, un banquier d'investissement spécialiste du sujet explique très sérieusement que le foisonnement d'innovations dans cette industrie est indispensable. Que la « clé de succès » est la rupture technologique, car il est nécessaire de « préempter ses compétiteurs dans une course à l'innovation afin de bénéficier de l'effet du premier entrant ». Le premier à proposer une nouvelle recette miracle contre l'âge emporte la mise. Jusqu'à la prochaine promesse antirides, toujours plus audacieuse. Et plus chère. Car les femmes sont presque toujours prêtes à payer. « Conjoncturellement, ma génération [celle des baby-boomers] est celle qui a le plus fort pouvoir d'achat ; c'est une parenthèse dans l'histoire », résume la sociologue Rose-Marie Lagrave. Toutes les semaines, elle est elle-même démarchée par des vendeurs de croisières, d'assurances et d'équipements divers.

14 *Cosmétique Mag*, hors-série n° 15, avril 2018.

Nés après la Seconde Guerre mondiale, les baby-boomers ont profité de la bulle dorée des Trente Glorieuses et de l'ascenseur social, lorsque celui-ci n'était pas encore grippé. Maintenant qu'ils sont à la retraite, ils dépensent. Si l'on ajoute à cela le basculement démographique de nos sociétés vieillissant à toute vitesse, on comprend pourquoi la *silver economy*, cette « économie argentée » qui rassemble toutes les activités répondant aux besoins des plus de 50 ans, est régulièrement présentée comme le prochain eldorado. Selon la banque Natixis, elle pèse déjà 8 900 milliards de dollars annuels dans le monde, et elle contribuera à un tiers de la croissance annuelle en France, en Allemagne, au Royaume-Uni et en Italie ces trente prochaines années.

Les seniors sont devenus les premiers consommateurs. En particulier les « jeunes seniors actifs », soit 6 millions de personnes en France, amateurs de nouveautés, et dont le portefeuille attise les convoitises de nombreuses marques. En 2018, avant le Covid-19, ils représentaient 20 % des 29 millions de croisiéristes dans le monde ; 54 % des voitures neuves sont achetées par des personnes de plus de 55 ans. Les fabricants de véhicules autonomes y voient une belle promesse pour l'avenir. Démographie oblige, tous les segments de l'économie se tournent peu à peu vers le marché des seniors. Mais le plus amusant est que ces derniers détestent sentir qu'ils sont ciblés en raison de leur âge. Nombre de start-ups se cassent ainsi les dents en concevant des produits qui, imaginent-elles, plairont aux plus de 50 ou 60 ans… Mais que ces derniers fuient justement parce qu'ils ne veulent pas s'afficher avec un vêtement ou gadget clairement étiqueté « pour vieux ».

Les constructeurs automobiles, eux, l'ont bien compris. Pour séduire les acheteurs seniors, leurs spots publicitaires « ne mettent jamais en avant ceux qui sont en âge d'être grands-parents, préférant les trentenaires. Or c'est justement la clientèle argentée, soucieuse de sécurité, qui n'hésite pas à acheter toutes les options disponibles sur un véhicule neuf et qui renouvelle sa voiture fréquemment », souligne un article du *Monde*[15]. Nos baby-boomers et baby-boomeuses s'habillent en jean depuis les années 1970. Ils n'ont pas envie qu'on les classe déjà du côté de leurs parents grabataires, mais pas non plus qu'on leur parle comme à des ados. La silver économie est plus retorse qu'il n'y paraît, mais elle a de l'avenir.

15 Juliette Garnier, « Vieillissement : les consommateurs âgés veulent encore se sentir jeunes », *Le Monde*, 19 novembre 2019.

4. LE CORPS DES VIEILLES

Les vieilles femmes qui se masturbent, qui sont heureuses dans leur corps, celles-là sont vraiment des sorcières.

Thérèse Clerc, dans *Sorcières, mes sœurs*, documentaire de Camille Ducellier, 2010

Quel est le problème avec le corps des femmes ?

Le 11 août 2020, une vidéo[1] se propage sur les réseaux sociaux, soudain jaillie des archives du web. Elle date de septembre 2018. La démocrate Kamala Harris, future vice-présidente des États-Unis, est alors sénatrice. Elle cuisine le juge Brett Kavanaugh, sur le point d'entrer à la Cour suprême, à propos de l'avortement. La séquence vaut son pesant d'or :

– Pouvez-vous citer une seule loi donnant au gouvernement le droit de prendre des décisions à propos du corps des hommes ?
– Je serais heureux de répondre à une question plus spécifique.
– Homme versus femme.
– Euh, il y a des procédures médicales...
– Où le gouvernement a le pouvoir de prendre des décisions concernant le corps des hommes ?
– Je pensais que vous m'interrogiez à propos des procédures médicales spécifiques aux hommes.
– Je vais répéter la question : pouvez-vous citer une seule loi donnant au gouvernement le droit de prendre des décisions à propos du corps

1 https://www.youtube.com/watch?v=b6g-zycRv8Q

des hommes ?
– Je n'en vois aucune pour l'instant.

La même question aurait pu être posée à n'importe quelle instance législative, judiciaire ou exécutive à peu près dans tout l'Occident, et au-delà. Partout, elle aurait reçu la même réponse. Elle résume, à elle seule, l'un des aspects les plus violents du patriarcat : le contrôle du corps des femmes par les hommes, par la loi (autorisation-interdiction de l'avortement, de la contraception), par la médecine (hypermédicalisation de la grossesse, puis de la ménopause), par l'œil de l'artiste (la muse des peintres, jeune et jolie femme dénudée) et, plus largement, par les normes.

Contrôler. Imposer. Mutiler. Aux yeux des Occidentaux, les pieds bandés des fillettes chinoises au début du XXe siècle paraissent lointains et barbares. Mais il y a pourtant aussi barbare aujourd'hui : selon le gouvernement, 60 000 femmes excisées vivent en France. On pourrait citer, encore, l'obligation faite aux femmes dans certains pays, au prétexte de la religion ou de la tradition, de porter des colliers en spirale afin d'étirer leur cou, de serrer leur taille dans d'étroits corsets, de dissimuler leurs cheveux, leurs bras, leur visage, leurs chevilles, ou encore l'interdiction de promener leur corps là où bon leur semble (et, a fortiori, de prendre du plaisir avec) sans l'autorisation d'un homme, père, frère ou époux.

Pourquoi, au juste, les hommes sont-ils si obsédés par le corps des femmes ? Ève la pécheresse, la tentatrice originelle, valut-elle à toutes ses filles d'être punies parce qu'elle incarnait le désir et la tentation ? Peut-être. Mais pas seulement. Elle possédait aussi un pouvoir immense, inégalable, sublime, absolument insupportable pour Adam et les autres : celui de donner la vie. Contrôler le corps des femmes, ce n'est pas seulement contrôler leur nudité, leur corpulence, leur apparence, leur pilosité, c'est aussi réguler tout ce qui touche à la procréation, aux enfants, à l'avenir. Le mutiler, contraindre sa liberté, lui imposer des règles, c'est remettre les compteurs à zéro. La femme porte les enfants, l'homme contrôle la femme, c'est au fond une question de pouvoir.

Quel rapport avec les vieilles, pensez-vous ? Nous y venons.

Depuis l'enfance, et plus encore à partir de l'adolescence, le corps des femmes est soumis à des injonctions paradoxales – sois sexy mais pas trop, sois désirable mais pas aguicheuse – qu'elles ont largement intégrées. Tout au long de leur vie et des transformations du corps, les kilos en trop, les seins pas assez ou trop gros, la cellulite, les hanches larges, les bourrelets, les cuisses molles et les bras flasques sont une source de souffrance et d'obsessions névrotiques chez beaucoup d'entre elles.

Ces obsessions, cette attention excessive portée au corps, ses supposés défauts et les modèles parfois extrêmes auxquels il devrait se conformer se traduisent notamment par la profusion des sites sur le *thigh gap*, l'écart entre les cuisses synonyme de minceur, et les pages « pro-ana » à la gloire de l'anorexie. Ou encore, et presque à l'opposé, par la popularité, sur Instagram, des plastiques chirurgicalement modifiées dans le but de ressembler à celle de Kim Kardashian (large fessier, lèvres pulpeuses, pommettes hautes). « Dans cette société du spectacle et du faux où la réalité est dissimulée sous des filtres Instagram, les femmes sont jugées toute leur vie sur leur corps, remarque la sociologue Mélissa Petit. Pour celui-ci, les espaces de vérité sont rares. »

« Pendant ce temps, les hommes, en tout cas ceux de mon âge et plus, n'ont pas de corps, écrit Virginie Despentes, alors âgée de 37 ans, dans *King Kong Théorie*[2]. Pas d'âge, pas de corpulence. N'importe quel connard rougi à l'alcool chauve à gros bide et look pourri, pourra se permettre des réflexions sur le physique des filles, des réflexions désagréables s'il ne les trouve pas assez pimpantes, ou des remarques dégueulasses s'il est mécontent de ne pas pouvoir les sauter. Ce sont les avantages de son sexe [...]. Comme si moi, parce que j'ai un vagin, je me croyais bonne comme Greta Garbo. Être complexée, voilà ce qui est féminin. »

Bien sûr, les complexes existent également chez les hommes. Beaucoup d'entre eux souffrent aussi de ne pas coller aux normes s'appliquant à leur genre (taille, poids, musculature : la virilité). Reste que les femmes portent un regard beaucoup plus dur et insistant sur leur propre corps. Rares sont celles parfaitement satisfaites et heureuses du leur. Celles qui le sont, car il y en a, y sont parvenues au prix d'un long travail sur elles-mêmes.

2 Grasset, 2006.

Certaines préfèrent passer leur corps sous silence. Tenter de le faire disparaître, pour éradiquer la source du problème. Ou tout simplement l'ignorer : aspirant à être un pur esprit, dénué des affects liés au désir, les dominant pour ne pas être soumises à eux, échappant au regard des autres, désincarnées.

J'ai longtemps été ce genre de femme. Le pur esprit, persuadé de ne pas être vu comme un objet de désir car au-delà de telles considérations. Mais du même coup, se privant d'être sujet de désir, soit justement d'une grande partie de l'intérêt d'avoir un corps. Il m'a fallu du temps et beaucoup de lectures pour comprendre qu'il est possible d'être tout à la fois, c'est-à-dire un intellect et une peau vibrant sous les caresses. Qu'il est possible d'appréhender d'abord le monde par le corps sans en avoir honte et d'aimer cela. J'ai appris la complexité. La nuance. J'ai appris à apprécier le banal et l'ordinaire : les douleurs du corps, les soins à lui apporter, ses odeurs, ses signaux, ses saignements, la nourriture à lui fournir, sans parler du sport indispensable à son entretien. Quel ennui, pensais-je autrefois !

Dans son passionnant essai *La vie ordinaire*[3], la philosophe Adèle Van Reeth évoque cet étrange mal, affreusement répandu : celui de préférer la vie de l'esprit relevant du « possible » à la vie ordinaire, faite de « détails ». Or c'est par le corps que l'on peut se réconcilier avec l'ordinaire. Apprendre à l'aimer, cesser de lui imposer régimes, *thigh gap* et combat contre les rides pour expérimenter, à travers lui, le monde.

3 Gallimard, 2020.

L'une de ces expériences est la grossesse, remarque Adèle Van Reeth. « L'expérience de la grossesse et de son terme, c'est-à-dire l'accouchement, qui se trouvent à l'origine de la vie humaine, sont convoqués comme images pour définir le rôle de la philosophie depuis Socrate, mais constituent en réalité un impensé de la philosophie, écrit-elle. À quoi aurait ressemblé l'histoire de la philosophie si elle avait été écrite par des personnes ayant fait cette expérience ? » Comment écrire sur le monde, ses origines, sa réalité, lorsqu'on ignore ce que signifie la possibilité de porter la vie en soi ?

Adèle Van Reeth met assurément le doigt sur un point fondamental. Seulement voilà: dès que l'on parle du corps des femmes, la pente devient glissante. « On ne peut pas fonder l'égalité sur la différence des corps, met en garde l'essayiste Belinda Cannone. Chaque fois que l'on joue cette carte, on perd la partie[4]. » L'irruption, depuis peu, de l'endométriose ou de la question de la gratuité des protections hygiéniques dans le débat public, tout comme l'attention accrue portée aux violences faites aux femmes, illustre bien que l'expérience corporelle féminine a quelque chose qui lui est propre. C'est important, majeur, décisif. Mais à tant mettre ce vécu féminin en avant, à trop mettre l'accent sur sa spécificité, le risque est triple : donner du grain à moudre aux machos rétrogrades qui rêvent de retirer certains droits aux femmes (comme les États américains revenant sur le droit à l'avortement) ; enfermer

4 Belinda Cannone, *La tentation de Pénélope*, Stock, coll. « L'autre pensée », 2010.

un peu trop celles-ci dans une spirale victimisante ; et faire oublier que les femmes sont loin de se résumer à leur corps. Car c'est bien par leur esprit qu'elles bâtissent des œuvres et mènent des combats aussi immenses que ceux de Gisèle Halimi ou Germaine Tillon.

Être un corps mais pas uniquement, un esprit mais pas seulement ; être à la fois objet et sujet de désir, aimer le banal et l'ordinaire autant que la pensée et cela, pour faire évoluer les comportements vers une véritable égalité femmes-hommes… La ligne de crête sur laquelle les féministes d'aujourd'hui cheminent est étroite. Mais n'allez pas croire que cette digression nous éloigne de notre sujet. Bien au contraire : puisque aujourd'hui le corps des femmes est de nouveau au centre de l'attention, la prochaine étape est de se pencher sur son vieillissement. Cela commence par une interrogation : pourquoi celui-ci inspire-t-il un tel dégoût ?

Quand, comment, pourquoi, le corps des vieilles est devenu un objet de dégoût social

Depuis l'Antiquité, les menstrues ont fait couler beaucoup d'encre. À cet égard, le texte d'Hippocrate, *Des maladies des femmes*, résume à lui seul les délires variés de son époque sur le sujet : « la femme a la chair plus lâche et plus molle que l'homme », « la femme a le sang plus chaud », « une maladie survient […] chez une femme qui n'a point été grosse et dont les menstrues ne peuvent trouver issue au dehors », « si l'orifice est très fermé, on l'ouvrira avec les bâtonnets de pin »… Mais la fin des règles n'améliore pas pour autant le sort de ces dames. En poussant à peine le trait, on pourrait résumer les choses ainsi : la femme ménopausée ne procrée plus, elle perd alors son utilité et n'excite plus le désir. Pis, elle fait peur. Et dans certains cas, elle répugne. S'il est difficile de dire à quelle époque ce dégoût s'est cristallisé, une chose est sûre : l'Église a joué un grand rôle dans la diabolisation de la femme âgée. Puisqu'elle est stérile, celle-ci ne peut plus justifier, moralement, d'avoir encore une sexualité active. Celle qui se livrerait encore à ce genre de pratique malgré son âge s'offre forcément au Diable, dont elle est la proie toute désignée.

Les travaux de l'historien Robert Muchembled décrivent cet étrange basculement : alors que le Moyen Âge est plutôt tolérant à l'égard des femmes, en partie idéalisées, la misogynie explose durant la Renaissance, probablement parce qu'à cette époque les femmes s'empuissancent socialement et intellectuellement. Elles arrivent à la Cour, elles se cultivent, à l'exemple de Marguerite de Navarre, la sœur de François Ier. Elles commencent à incarner un danger pour la société patriarcale. Pour se défendre, celle-ci déploie une réponse misogyne d'une violence inouïe, soutenue par l'Église et les médecins qui, dès lors, décrivent la femme comme un danger pour l'homme : elle devient incontrôlable lorsque son ventre n'est plus dédié à l'enfantement. « La théorie qui prévaut, c'est que la femme est tellement faible dans son corps et dans son âme qu'elle ne peut pas faire son salut toute seule. Elle doit être aidée par les hommes – mari, père, frère – et être mise en tutelle. Une femme libre est un danger[5]. »

5 Robert Muchembled, « De la diabolisation des femmes aux bûchers

Cette misogynie culmine dans les années 1560. Elle se concentre en particulier sur les vieilles femmes, décrites comme dégageant de mauvaises odeurs, concoctant des poisons, dévorant des enfants, corrompant les vierges ou bien aspirant les « sucs vitaux » des jeunes mères dans une sorte d'allaitement inversé et dévoyé, décrivent les démonologues de l'époque. « N'ayant plus droit légitime à une vie sexuelle puisqu'elles ne pouvaient plus enfanter et qu'elles étaient parfois veuves, mais expérimentées et toujours désirantes, elles apparaissaient comme des figures immorales et dangereuses pour l'ordre social », écrit Mona Chollet dans *Sorcières. La puissance invaincue des femmes*.

La figure de la vieille femme devient l'incarnation de la hideur et de l'abject, y compris dans les poèmes baroques. Elle est la créature ignoble au corps froid, l'immonde *vetula* (« vieille femme », en latin) libidineuse, capricieuse et mauvaise. De là à la désigner comme sorcière, il n'y a qu'un pas que l'époque va allègrement franchir. Les traités et manuels de chasse aux sorcières se multiplient, comme le *Malleus Maleficarum* (« Marteau des sorcières »), publié en 1486 à Strasbourg, puis réédité moult fois. Ou *De la démonomanie des sorciers* (1580), du philosophe Jean Bodin, détaillant comment vérifier qu'une femme est une sorcière : en l'auscultant nue, afin de repérer le sceau du diable sur sa peau.

La haine des ecclésiastiques à l'encontre des femmes se répand parmi les élites laïques, rapidement convaincues

de sorcières », *Le Monde*, 12 juillet 2020.

que les bûchers de sorcières éradiqueront l'emprise du Démon sur le monde. Le mouvement vient largement d'en haut, car le peuple ne réclame pas toujours de brûler les sorcières : elles sont, pour l'essentiel, issues de la classe paysanne et appartiennent donc au peuple. La plupart d'entre elles étaient âgées, illettrées, vivant retirées dans les campagnes, accusées d'avoir vendu leur âme à Satan en échange de pouvoirs monnayés localement : faire venir la pluie, favoriser ou détruire les récoltes, concocter des philtres d'amour... « Si les chasses aux sorcières ont particulièrement visé des femmes âgées, c'est parce que celles-ci manifestaient une assurance intolérable, ajoute Mona Chollet. Face à leurs voisins, aux prêtres ou aux pasteurs, et même face aux juges et aux bourreaux, elles répondaient. » Durant un siècle, des dizaines de milliers de femmes sont brûlées dans toute l'Europe et aux États-Unis (en particulier dans la tristement célèbre ville de Salem). La chasse décroît doucement après 1650, lorsque les Lumières marquent le triomphe de la raison et le retour des femmes intellectuelles.

Mais le dégoût inspiré par le corps de la *vetula*, l'idée que sa sexualité est contre-nature puisque déconnectée de la procréation et l'imagerie de son corps supposé défaillant, purulent et libidineux sont loin d'avoir reflué pour autant. À bien des égards, ils habitent encore nos représentations.

Tout ce qu'on ne vous dit (vraiment) pas sur la ménopause

Au tout début, Patricia élude le sujet. « Oh, comme tout le monde : c'est pénible mais on s'en fiche. Un non-événement », dit-elle en agitant la main près de son visage, comme pour chasser un moustique. Elle a 58 ans et travaille au département développement durable d'un grand groupe. Elle pianote sur son téléphone en évitant mon regard. À son sourire crispé, je devine que le sujet n'est pas aussi anodin qu'elle l'affirme. J'insiste un peu :

– La ménopause, un non-événement ?

– Oui, un non-événement. Au point que je l'ai caché pendant dix ans à mon mari.

– Quoi ?

– C'est qu'elle est arrivée tôt. À 46 ans... 46 ans, tu imagines ? Je ne voulais pas qu'il me voie comme une vieille. Surtout : je n'avais pas envie de lui expliquer que ça ne signifiait pas que j'étais vieille, justement. Alors j'ai pris un traitement hormonal et continué à acheter des tampons.

– Et il n'a rien vu ?

– Rien.

– Pendant dix ans ?

– Vers 55 ans, j'ai arrêté de renouveler le stock. Un jour, au détour d'une conversation, j'ai glissé « je n'en ai plus besoin ». Il a dit « ah, OK », chapitre clos. Un non-événement, je te dis.

– Tu n'aurais pas aimé partager cette transition avec lui ? Vous êtes proches. Il aurait pu t'aider.

– Nous sommes proches. Il m'aurait sans doute aidée. Mais après vingt-cinq ans de vie commune, on se connaît si bien qu'il est difficile d'entretenir la magie dans le couple. Le désir, la folie des débuts se sont évaporés. Lui épargner les détails peu glamour de la ménopause et de mon traitement hormonal était aussi une façon de garder un peu de mystère.

Un non-événement, mais une omission d'une décennie et des centaines d'euros dépensés en tampons non-utilisés : tout de même ! En dépit d'un mari compréhensif et « moderne », selon ses propres mots, Patricia a choisi de lui dissimuler son état, minimisant du même coup son incidence sur sa vie – un traitement hormonal n'est pourtant pas à prendre à la légère. C'est dire si aujourd'hui la ménopause reste encore un objet de honte chez certaines femmes. Mais pas toutes.

Sylvie, elle, a eu ses règles jusqu'à 58 ans. « Je tirais une certaine fierté d'être réglée jusque si tard », raconte-t-elle. Aujourd'hui, elle habite son corps avec simplicité et aisance. « Lorsque la ménopause arrive, on est contrainte d'accepter que la fertilité et la maternité, même si elles étaient déjà théoriques à cet âge, sont terminées. La page se tourne. Les hommes, eux, n'ont pas cette préparation au vieillissement. Beaucoup vivent dans l'illusion de pouvoir tout recommencer s'ils le veulent, avoir un enfant avec une femme plus jeune… »

Selon une enquête MGEN-Fondation des femmes réalisée par Kantar en février 2020, 83 % des Françaises de 50 à 54 ans sont ménopausées. Parmi elles, 60 % estiment que leur état n'a pas à être pris en compte dans le cadre du travail : elles craignent le regard stigmatisant et la réaction négative de leur entourage professionnel. Les hommes, eux, sont 47 % à penser que l'entreprise devrait au contraire le prendre en compte.

« Chez moi, la ménopause a été un processus d'une dizaine d'années, très long et douloureux, avec des visions de mort terribles, raconte Yazemeenah Rossi, la mannequin senior. J'ai réfléchi, travaillé sur moi, tout en me soignant avec des plantes. Un jour, j'ai fait le choix de tout voir en positif : j'ai des bouffées de chaleur ? Super, j'ai moins froid. La ménopause est une fin ? Non, c'est une renaissance et une formidable régénération, si l'on accepte cette transformation. Elle offre l'occasion d'une prise de conscience, de se reconnecter avec le monde sensible dont on est coupées depuis si longtemps. »

« Un enfer : le feu en pleine nuit, les cheveux secs, la peau sèche, la libido à plat, témoigne pour sa part Laurence, 62 ans. Je me suis sentie vieillir d'un coup, j'ai pris dix kilos, et je ne comprends pas les femmes qui ont vécu cette période comme une libération. Elles mentent ! Clairement, on bascule du côté des invisibles. Sans parler des souffrances physiques réelles. »

Une renaissance, un enfer, un non-événement : d'une femme à l'autre, la ménopause peut être vécue de manières diamétralement opposées. Question de représentations, de milieu, mais aussi de symptômes, face auxquels les corps ne sont pas égaux. À 51 ans, l'écrivaine américaine Darcey Steinke a commencé à souffrir de bouffées de chaleur d'une grande violence : « J'avais la sensation d'être en feu ! » Elle se documente sur le sujet afin de comprendre ce qu'elle traverse, mais est vite déçue : « Dans la plupart des articles en ligne, cette transition est décrite comme très dure, ou bien détaillée par le prisme d'une médicalisation excessive. » Déçue, elle mène alors sa propre enquête, en interrogeant des dizaines de femmes, en réfléchissant à sa relation au corps, aux normes sociales et à notre lien, perdu, à la nature.

Elle en a tiré un passionnant récit initiatique, *Flash Count Diary. Menopause and the Vindication of Natural Life*[6]. « Je me suis interrogée : pourquoi tant de honte autour de la ménopause ? me raconte-t-elle au téléphone, depuis New York. Parce qu'autrefois les femmes dépendaient des hommes pour leur survie et, donc, de leur capacité à leur donner des enfants. Pour elles, la ménopause était un drame et un danger. Dans la société patriarcale, les femmes ménopausées ont peu de valeur. »

Au détour de son enquête, Darcey découvre que l'orque est l'un des rares mammifères à connaître également la ménopause. « La grand-mère orque devient alors cheffe de son clan : enfin, j'apprenais une chose positive sur la ménopause ! L'orque est devenu mon animal totem. Il m'obsédait. Il m'a aidée à comprendre que nous ne sommes pas des esprits purs : nous sommes d'abord des animaux et des corps. » De nombreuses découvertes l'ont surprise au cours de ses recherches. À commencer par le discours médical sur la fin des règles : « J'ai assisté à un congrès sur ce thème à Amsterdam : les médecins, pour l'essentiel des hommes, parlaient de la ménopause comme d'une maladie. Ils détaillaient des troubles associés, comme le vagin sec et hypertrophié… Ils évoquaient notre anatomie du point de vue des sensations des hommes, comme un fourreau à pénis, jamais du point de vue des femmes ! »

6 Sarah Crichton Books, 2019.

De plus en plus d'hommes sont informés sur le sujet et soutiennent leur compagne dans cette transition lorsqu'elle en a besoin. Mais il y a encore du boulot à abattre en termes de pédagogie. « Un bon tiers des femmes que j'ai rencontrées sont en colère : contre leur mari, leurs enfants, les médias, qui se moquent des bouffées de chaleur, en font un sujet léger et ridicule, de plaisanteries dérisoires, alors que ce n'est vraiment pas drôle à vivre. Est-ce qu'on se moque des personnes souffrant des suites d'un AVC ou d'une attaque ? Non. C'est très misogyne ! » s'emporte Darcey.

Revenons un instant sur cette histoire d'orques ménopausées matriarches. En 2015, un groupe de biologistes a publié une étude sur le sujet[7]. En étudiant 751 heures de vidéo, les données du Center of Whale Research de Washington sur trente-cinq années, en observant 102 orques sauvages du Pacifique et en suivant neuf épisodes migratoires de saumons royaux – le repas favori de l'orque –, ils ont dressé ce constat : les femelles orques ménopausées font d'excellentes meneuses. Elles sont détentrices d'un savoir précieux pour la survie du groupe et sont capables d'aider les plus jeunes à trouver de la nourriture, en particulier les années où les saumons se font plus rares. Elles vivent, en outre, bien plus longtemps que les mâles : jusqu'à 90 ans, contre 50 ans en moyenne pour ces derniers. « La théorie classique du cycle biologique indique que la ménopause ne devrait pas survenir, puisque

7 Lauren J. N. Brent, Daniel W. Franks, Michael A. Cant, Darren P. Croft, *Ecological Knowledge, Leadership, and the Evolution of Menopause in Killer Whales*, CellPress, 2015.

la sélection naturelle ne devrait pas favoriser la vie après la fin de la reproduction, expliquent les biologistes ayant rédigé l'étude. Pourtant, les femmes humaines vivent en moyenne 30 ans après la fin de l'âge reproductif. » Soit le même constat que pour les orques ou encore les baleines pilotes (*Globicephala macrorhynchus* pour les intimes), l'autre seul mammifère ménopausé.

« Nos travaux montrent que les femelles post-productrices peuvent améliorer la condition physique de leurs proches grâce au transfert de connaissances écologiques. La valeur tirée de la sagesse des aînées peut contribuer à expliquer pourquoi les femelles orques et les humaines continuent de vivre longtemps après avoir cessé de se reproduire », peut-on lire dans cette étude. Précision : les biologistes parlent ici des « humaines » d'avant la révolution du néolithique. « Vivre au-delà de 60 ans dans des populations de chasseurs-cueilleurs était plus courant qu'on ne le croyait auparavant », expliquent-ils. Les enfants des vieilles chasseuses-cueilleuses se reproduisaient plus tôt, et plus fréquemment. Elles aidaient leur proches en partageant la nourriture et surtout en partageant « une autre denrée clé : l'information ». Avant l'invention de l'écriture, le savoir détenu par les anciennes était essentiel à la survie du groupe. « Les personnes les plus âgées et les plus expérimentées étaient les plus susceptibles de savoir où et quand trouver de la nourriture, en particulier dans des conditions dangereuses et peu fréquentes telles que la sécheresse. »

C'est fou ce que l'on peut apprendre en observant un orque chasser le saumon.

On parle de ménopause, mais de quoi s'agit-il, au juste? « De l'arrêt de la sécrétion d'œstrogène et de progestérone par l'ovaire, et de la fin de la fertilité », résume la gynécologue Anne Gompel, coordinatrice du diplôme d'études spécialisées (DES) en Gynécologie médicale de l'université Paris-Descartes, également présidente du Collège des enseignants de gynécologie médicale. « La fin du cycle ovarien et l'épuisement du stock de follicules sont associés à la féminité dans les imaginaires, ajoute-t-elle. Le terme de ménopause me semble inapproprié, il donne l'idée d'un basculement définitif dans un autre état. Je préfère parler de transition ménopausique, plus juste, car il s'agit d'une phase transitoire. » Celle-ci s'accompagne de troubles divers, tels que les sueurs nocturnes ou la fatigue. Chez certaines femmes, elle est très courte et peu symptomatique. Chez d'autres, elle est longue et douloureuse.

On le sait encore peu, mais les hommes voient eux aussi les hormones chuter avec l'âge – en l'occurrence, la testostérone. Il s'agit de l'andropause, mais ce phénomène est moins marqué que la ménopause, plus étalé dans le temps et très variable selon les hommes, puisque certains conservent un niveau relativement élevé de testostérone. Mais tout de même: pourquoi fait-on tout un foin de la ménopause, et pas de l'andropause?

Un coup d'œil à l'histoire révèle que le statut des femmes ménopausées a beaucoup varié selon les cultures, les continents et les siècles avec pour nœud gordien la représentation du sang menstruel, éternel objet d'inquiétude, de fascination, de dégoût et d'interrogations. « La menstruation reste encore aujourd'hui le tabou numéro 1, classée au

Top Ten des trucs dont on évoque encore l'existence à voix basse, avec des mines conspiratrices, écrit la journaliste Élise Thiébaut dans *Ceci est mon sang*[8]. Le flux menstruel est resté un mystère dans toutes les sociétés, entraînant des conséquences inattendues dans des domaines en apparence très éloignés des préoccupations sexuelles. »

Ainsi lit-on dans l'Ancien Testament : « Quand une femme est atteinte d'un écoulement, que du sang s'écoule de ses organes, elle est pour sept jours dans son indisposition, et quiconque la touche est impur jusqu'au soir. Tout ce sur quoi elle s'est couchée en étant indisposée est impur, et tout ce sur quoi elle s'est assise est impur. Quiconque touche son lit doit laver ses vêtements, se laver à l'eau, et il est impur jusqu'au soir. Quiconque touche un objet où elle s'est assise doit laver ses vêtements, se laver à l'eau, et il est impur jusqu'au soir[9]. » La liste des recommandations et interdits se poursuit ainsi longtemps encore, longue comme le bras.

Sacré problème, les règles. Mais dans certaines cultures, le regard change lorsque le flux s'interrompt définitivement. Chez les Amérindiens Mohaves, par exemple, la ménopause est une étape vers l'épanouissement sexuel. La femme « continue à rester dans le courant de la vie, ses mains pleines de travail, sa maison pleine de petits-enfants, sa tête pleine de la sagesse de l'expérience, ses bras souvent pleins d'un jeune mari ou amant, son œil rayonnant, sa langue prompte à la répartie et pas du tout gênée de flirter

8 *Ceci est mon sang. Petite histoire des règles, de celles qui les ont et de ceux qui les font*, La Découverte, 2017.

9 *Lévitique*, 15, 19-22.

avec un homme assez jeune pour être son petit-fils[10]... »

Dans certaines sociétés traditionnelles, la ménopause est même synonyme de pouvoirs accrus, comme chez les Baruyas de Nouvelle-Guinée. Les Samos, au Burkina Faso, jugent en revanche que les femmes ménopausées toujours actives sexuellement sont susceptibles d'attirer le mauvais œil sur le groupe. Dans les campagnes irlandaises des années 1960, certains pensaient encore que la ménopause pouvait conduire les femmes vers la folie[11]... « Pour ce qui est de l'Asie, dans le Japon traditionnel et jusqu'à récemment, la ménopause était un non-événement », analyse la sociologue Cécile Charlap. Elle n'était pas évoquée comme une rupture, mais relevait plutôt du *konenki*, un concept plus large où les cheveux grisonnants, la vue déclinante, la fatigue au réveil ou encore le mal de dos étaient des marques du vieillissement bien plus fortes que la ménopause. Et le konenki concernait autant les hommes que les femmes. Jusqu'aux années 1990, cette vision prédominait. Mais les derniers travaux sur ces questions montrent que, depuis une trentaine d'années, l'industrie pharmaceutique a massivement investi le marché asiatique, où la ménopause est désormais traitée comme si elle relevait d'une pathologie.

Voilà qui est bien étrange. La fin des règles s'est muée en problème lorsque le discours marketo-pharmaceutique l'a

---

10 George Devereux, « The psychology of feminine genital bleeding. An analysis of Mohave Indian puberty and menstrual rites », *The International Journal of Psycho-Analysis*, n° 31, 1950.

11 Daniel Delanoë, « La ménopause comme phénomène culturel », *Champ psychosomatique*, n° 24, 2001.

désignée comme tel. « Cela illustre que la ménopause n'est pas seulement un fait biologique, c'est aussi une production sociale, explique Cécile Charlap. La manière de penser celle-ci est le fruit des représentations, des valeurs et des normes qui prévalent à une époque donnée. »

Pour s'en convaincre, il suffit de passer au crible le regard posé par les médecins sur le sujet, comme elle l'a fait dans sa thèse[12]. Jusqu'au XIXe siècle, on ne parlait pas de ménopause mais de « cessation des menstrues ». Pendant l'Antiquité et jusqu'au XVIIe siècle, le corps masculin était la norme : le corps féminin était donc sa version amoindrie. Les règles, pensait-on, servaient à évacuer les « flux viciés » du corps féminin – leur fin se traduit donc par une dégradation de l'état de santé général. C'est le constat que dressait déjà ce bon vieil Hippocrate : « Chez la femme d'un certain âge, l'utérus remonte car il n'est plus alourdi par la purgation lochiale. La matrice desséchée devient plus légère et se déplace. Alors commence la course folle de l'utérus à la poursuite du fluide qui lui fait défaut. Il se jette d'abord sur le foie. [...] La matrice peut se porter à la tête qui devient pensante. » Un utérus dans le cerveau : il y a en effet de quoi avoir la migraine.

Dès le XVIIIe siècle, les médecins académiques français se penchent d'un peu plus près sur les « troubles féminins ». Mais ce n'est qu'au début du XIXe siècle que le médecin français Charles-Pierre-Louis de Gardanne évoque le terme « ménespausie[13] ». Puisque l'utérus est troublé par le sang

12 Cécile Charlap, *La fabrique de la ménopause*, *op. cit.*

13 Dans l'introduction de son ouvrage *Avis aux femmes qui entrent dans l'âge critique* (1816), remplacé par « ménopause » dans la deuxième

qui ne s'écoule plus, la ménopause est pensée comme le catalyseur de diverses maladies, des ulcères aux tumeurs en passant par les amygdalites, pustules et autres abcès. « Mais toutes les femmes n'y sont pas sujettes de la même façon : le regard médical est toujours le creuset d'une morale », souligne Cécile Charlap. Les prostituées et filles aux mœurs légères souffriront bien plus des troubles associés à la fin des règles que les mères de famille pieuses et pratiquantes, assurent les blouses blanches de l'époque… Les premières afficheront en outre de sérieux désordres mentaux, explique le docteur Gardanne. Au premier rang desquels l'hystérie.

Ah, l'hystérie ! Du grec *hyster*, apparenté au latin *hystera*, la matrice, pouvant signifier les entrailles ou l'utérus. Cette prétendue névrose a été attribuée aux femmes par des générations de psychiatres. Beaucoup voyaient dans la ménopause l'un des déclencheurs de troubles psychotiques. Le tableau clinique qu'ils en dressaient vaut son pesant de cacahuètes : bouffées délirantes, fureur sexuelle, exhibitionnisme, cleptomanie… C'est dire si, dès que l'on se penche sur le corps des femmes et son traitement, les normes patriarcales et la façon dont elles définissent les rapports entre les sexes apparaissent au grand jour.

Dans les années 1930, le regard sur la ménopause évolue : elle n'est plus vue comme la cause de divers maux, mais devient le mal à traiter, en particulier par les cocktails hormonaux, qui prennent peu à peu leur essor. Le corps féminin est décrit comme étant contrôlé par les hormones,

---

édition, parue en 1821 sous le titre *De la ménopause ou de l'âge critique des femmes.*

telle une marionnette infantile – il s'agit donc de pallier les manques engendrés par la ménopause. Comme si le standard du corps féminin était celui de la femme en âge de procréer, et en excluait tout autre.

S'il s'est généralisé aux États-Unis à partir des années 1960, puis en France dès les années 1980, le THS (traitement hormonal substitutif) est aujourd'hui considéré avec une certaine méfiance. Surtout depuis la publication, au début des années 2000, d'une étude américaine[14] établissant le lien entre son utilisation et le cancer du sein. « Ces traitements sont aujourd'hui bien moins prescrits, mais ils restent utiles dans certains cas », détaille Anne Gompel. Au ton soudain prudent de sa voix, on devine que le sujet lui tient à cœur et que les polémiques parfois contre-productives sur le sujet la lassent. « Chez les femmes ménopausées très jeunes, ils limitent les risques cardiovasculaires et l'ostéoporose, liés à la baisse du taux d'œstrogènes. »

Le discours ultramédicalisé concerne également les grossesses tardives. Passé 40 ans, les grossesses sont décrites comme « à risque ». Dans la presse people, le cas des mères donnant la vie à 45 ans ou plus est régulièrement évoqué à grand renfort de clichés sur le refus du passage du temps. Un discours qui n'a guère d'équivalent pour les hommes. Il est bien plus rarement mentionné que l'âge avancé du père présente également des risques physiologiques et psychologiques pour l'enfant. Dit autrement : même si la ménopause physique intervient à la cinquantaine, la « ménopause sociale », selon l'expression de la sociologue

14 Women's Health Initiative, National Institutes of Health, 2002.

Yvonne Verdier, survient dès 45 ans, âge auquel les femmes sont enjointes à cesser d'avoir des enfants.

S'il est encore très discret, un autre son de cloche commence néanmoins à se faire entendre. La ménopause est de plus en plus fréquemment abordée dans les médias sous l'angle du vécu des femmes. Sur les réseaux sociaux, certaines ouvrent des pages dédiées au sujet. Comme le compte Instagram Ménopause Stories, de la consultante Sophie Kune, l'épisode du podcast de Sophie Dancourt (du média J'ai piscine avec Simone) dédié au sujet[15], ou encore *Ménopausées*, le documentaire de la journaliste Blandine Grosjean[16]. Dans une tribune publiée sur le site du *Huffington Post*, une série de personnalités, dont les comédiennes Agnès Jaoui et Blandine Métayer, appellent ainsi à briser le tabou de la ménopause et à voir celle-ci comme une libération :

> Il est enfin impératif de briser le tabou de la ménopause, car il est le reflet d'une société sexiste : les femmes sont tolérées sous condition, lorsqu'elles remplissent ou sont en capacité physique de remplir leur rôle de procréatrices. [...] En changeant le regard sur la ménopause, c'est notre destin de femmes que nous souhaitons nous réapproprier. En brisant ce tabou, c'est l'égalité entre les femmes et les hommes que nous voulons affirmer[17].

Car, oui, beaucoup de femmes vivent la ménopause comme une libération. « Je n'ai eu aucun symptôme gênant,

---

15 « Ménopause : le grand méchant tabou », épisode du 6 juillet 2020 du podcast *Vieille ? C'est à quelle heure ?*

16 Diffusé en mai 2020 sur France 2.

17 « La ménopause ne doit plus être vécue comme un tabou mais une libération », tribune publiée le 6 février 2020 sur le site du *Huffington Post*.

être enfin débarrassée de règles douloureuses fut un bonheur très éloigné du discours médical culpabilisant », raconte ainsi Blandine Métayer. « Un point majeur est le bonheur de ne plus avoir de règles, renchérit l'himalayiste Sophie Lavaud. Moi qui n'ai pas eu d'enfant, j'ai pourtant passé une vie entière à avoir très mal au ventre tous les mois pour rien. Sans parler des contraintes ni de la gestion en expédition. C'est un vrai soulagement ! »

Leur sexualité, ultime tabou

Cette scène a hanté de nombreux cauchemars. Dans l'adaptation filmique du roman de Stephen King, *Shining*, par Stanley Kubrick, Jack Torrance (interprété par Jack Nicholson) est un écrivain sans le sou qui, pour renflouer son compte en banque, garde un hôtel vide en plein hiver, accompagné de sa famille. Une nuit, habité par une pulsion secrète, il entre dans une chambre. La caméra glisse doucement vers le fond de la pièce, où l'on entraperçoit une salle de bain verte. La baignoire est dissimulée par un rideau. Une main l'ouvre délicatement, révélant une sublime jeune femme nue. Elle se lève. L'écrivain la dévore des yeux avec concupiscence. Quelque chose de pervers anime ses pupilles noires. Il s'approche, l'embrasse, mais tandis qu'ils s'enlacent, le corps de la jeune déesse se mue en celui d'une vieille femme à moitié pourrie. Elle éclate d'un rire glaçant lorsque Jack Torrance la repousse avec dégoût. Désormais, c'est elle qui tend vers lui des bras avides, suintant la décomposition.

Pourquoi fallait-il que cette vieille femme inspire autant d'effroi ? Quels échos et images la vieillesse éveille-t-elle dans notre subconscient ? Car il y a bien quelque chose de cet ordre : cette femme semble tout droit sortie du passage d'*Éloge de la folie* où Érasme exprime son dégoût pour les « vieilles déjà mortes de décrépitude » et toujours « en rut ».

Passé un certain âge, le désir féminin est jugé obscène, comme si la sexualité était proscrite après la ménopause. « De quel droit ? demande la psychanalyste Catherine Grangeard, qui n'aime rien tant que poser les questions qui fâchent d'une voix douce. Qui a décidé que tout doit s'arrêter à 50, 60 ou 70 ans ? Pourquoi ? Interrogeons cette norme ensemble. »

Oui, pourquoi notre société invisibilise-t-elle les corps vieillissants et occulte-t-elle leur vie sexuelle ? L'illustration la plus extrême en est sans doute le tabou de la sexualité dans les Ehpad. Lorsqu'ils sont surpris en train de se masturber, se toucher ou, pire, faire l'amour, les pensionnaires sont rabroués tels des enfants pervers. Comme s'ils étaient à la fois coupables et irresponsables. Longtemps, pour éviter le malaise des familles autant que celui du personnel, les maisons de retraite ont même interdit aux vieux époux de loger dans la même chambre, tandis que les couples se formant sur place étaient séparés. De quel droit ?

Ce malaise ne date pas d'hier. Dans *La République*, Platon jugeait déjà que, passé 40 ans pour les femmes et 55 ans pour les hommes, il convenait de s'abstenir pour ne pas mettre en danger l'espèce. Étrangement, Aristote ne partageait pas cet avis : lui jugeait au contraire que le sexe déconnecté de la procréation maintenait en forme. L'Église catholique a repris la philosophie de Platon à ce sujet, en teintant la sexualité des vieux de cinquante nuances de péché. Le taoïsme chinois, lui, ne voit rien de mal à ce que les hommes vieux maintiennent une vie sexuelle active, mais ne se prononce pas sur les femmes vieilles.

Depuis une vingtaine d'années, une poignée de psychiatres dispensent des formations sur la sexualité du grand âge dans les unités gériatriques ou auprès d'associations de retraités. Leur constat : les clichés ont la vie dure. « Je laisse des boîtes à questions anonymes, parce que les gens ont généralement honte de prendre la parole spontanément, raconte la psychiatre Véronique Lefebvre des Noëttes à *Télérama*[18]. La préoccupation numéro un des hommes, c'est de pouvoir avoir des érections. Et j'en trouve toujours un ou deux dans l'assemblée pour reprocher à leur compagne de ne plus les exciter assez. Les besoins des femmes continuent de passer au second plan. » Alors que le Viagra est commercialisé dans nos officines depuis plus de vingt ans pour aider les hommes à pallier leurs problèmes érectiles, les molécules américaines telles que la flibansérine et la brémélanotide, des stimulants du désir féminin, ne sont en revanche toujours pas autorisées en France.

D'autres pays européens, comme la Belgique ou les Pays-Bas, ont légalisé le recours aux assistants sexuels, ces bénévoles formés pour assouvir les besoins charnels des personnes âgées ou handicapées en institution. Mais le sujet reste tabou en France, où on les assimile à des prostitués – même si les lignes bougent peu à peu. « Les

18 Émilie Gavoille, « Sexualité des seniors : pourquoi tant de gêne ? », *Télérama*, 5 octobre 2020.

baby-boomers commencent à intégrer les Ehpad. Or ils ont connu la révolution sexuelle. On va être contraints de s'adapter », raconte, toujours dans *Télérama*, la directrice d'une maison de retraite de Nouvelle-Aquitaine.

« Personne n'a envie de penser à la sexualité de ses parents, encore moins à celle de ses grands-parents », remarque la psychanalyste Catherine Grangeard, autrice du livre *Il n'y a pas d'âge pour jouir*[19]. À ces mots, je réprime un rire gêné. Qui n'a jamais grimacé d'horreur en imaginant ses propres parents faire l'amour ? Catherine attend patiemment que je me ressaisisse – elle a sans doute l'habitude. « De manière générale, on parle très peu de sexualité dans les familles – les amis de mes trois fils sont toujours déroutés de découvrir que ce n'est pas le cas chez nous. De même, je constate que beaucoup de jeunes féministes sont mal à l'aise lorsque je leur parle de sexualité. Elles ont intégré l'idée que l'on désire moins lorsqu'on vieillit : c'est bourré de préjugés. Ce regard est conditionné socialement. Il convient de l'interroger si l'on veut le modifier. »

« La seule fois où j'ai tenté de parler de sexualité avec mon petit-fils, il s'est bouché les oreilles en poussant des hurlements de dégoût », confie de son côté Marie-Annick, 77 ans, agente territoriale à la retraite. Antoine, 14 ans, commençait à flirter sérieusement avec sa copine. « Il était en rupture avec ses parents, mais lui et moi étions très proches : j'étais la seule susceptible d'échanger avec lui. Mais ç'a été impossible. » Elle montre une photo

19 Larousse, 2020.

d'Antoine : un grand garçon aux cheveux bruns, avec un petit air de Thomas Dutronc et les mêmes yeux rieurs que sa grand-mère. Ce n'est pas le rejet de la discussion qui a surpris Marie-Annick, mais l'argument que son petit-fils a avancé pour se justifier, la mine révulsée : « Tais-toi, mamie ! Les vieux qui font l'amour, c'est dégueulasse. »

40 % de la population française a plus de 50 ans, cela représente 14 millions de femmes. Pourtant, alors que le sexe est partout, dans les films, les publicités, il est toujours incarné par des corps jeunes : le corps vieux devient immontrable, car il renvoie à la mort. La femme désormais stérile est censée occuper un rôle de second plan. Accepter son déclin. Emprunter le lent chemin vers le néant avec résignation, en s'accordant peut-être la joie, passé l'âge de la retraite, de s'occuper un jour de ses petits-enfants, mais en renonçant à la jouissance physique. En cela, celles qui proclament encore une vie sexuelle active sont profondément transgressives. Fort heureusement, les choses changent doucement, estime Catherine Grangeard. Son livre en est la preuve. France Inter l'a invitée à en parler dans l'émission *Le téléphone sonne* du 12 octobre 2020. Discuter librement de libido post-ménopause, d'orgasme clitoridien après 50 ans et d'entretien du désir dans les vieux couples sur une radio du service public entre 19 heures et 20 heures, ce n'est pas rien ! La révolution sexuelle des années 2020 est peut-être à chercher du côté des têtes grises...

La différence d'âge dans les couples hétéros (ou pourquoi le couple Macron est subversif)

Pour les édiles des petites villes, les mariages se suivent et se ressemblent, mais celui du 20 octobre 2007 fut particulier pour Léonce Deprez, alors maire du Touquet. Et pour cause : il connaissait bien la mariée. Trente-trois ans plus tôt, c'est déjà lui qui avait célébré sa première union. Désormais, la promise a cinquante-quatre ans, et ses secondes noces ont un léger parfum de scandale dans la tranquille bourgade. La rumeur bruisse. On raconte que le marié, inspecteur des finances, n'a même pas 30 ans. Et surtout, qu'il a rencontré sa future femme lorsqu'il était élève dans le lycée de Picardie où elle enseignait. Les cancaniers sont alors loin d'imaginer que le jeune homme en question sera un jour élu à la plus haute fonction de l'État.

Vous les avez reconnus : Brigitte Trogneux et Emmanuel Macron. Mais « quand bien même se seraient-ils appelés Sophie et Raphaël Dupont, leur histoire aurait été fascinante », écrit la journaliste Sylvie Bommel dans *Il venait d'avoir dix-sept ans*[20], l'enquête qu'elle a consacrée à la première dame, où elle raconte la scène du mariage – celui de 2007, mais aussi celui de 1974. « Une femme d'une quarantaine d'années, mariée et mère de trois enfants, qui tombe amoureuse d'un garçon plus jeune que son fils aîné et qui, bravant la désapprobation des siens et de toutes les conventions communément admises, finit par l'épouser, c'était en soi follement romanesque. »

20 JC Lattès, 2019.

Lorsqu'il débarque à l'Élysée, en 2017, Emmanuel Macron rêve de faire voler en éclats les carcans politiques traditionnels. Il promet d'emprunter à la fois à la droite et à la gauche pour occuper un centre supposé rassembleur : le fameux « en même temps ». Sans doute a-t-il échoué à donner corps à cette transgression-là. Mais Brigitte et lui en incarnent une autre sur le plan sociétal. « Le couple Macron est subversif, au sens où ils ont imposé leur différence d'âge dans le milieu politique encore très conformiste : c'est rare », remarque l'historienne Michelle Perrot. C'est rare, oui. Et pas seulement dans le marigot de nos élites.

Avant de tenter de comprendre pourquoi, penchons-nous un instant sur d'autres exceptions d'hier et d'aujourd'hui. La presse people fait régulièrement le tour des stars féminines s'affichant au bras d'hommes plus jeunes, comme Madonna, Demi Moore, Jennifer Lopez ou encore Robin Wright – elles sont régulièrement traitées de « cougars », alors que leurs compagnons sont considérés comme des « toy boys ».

Bien avant J.Lo et la madone, George Sand a 45 ans lorsqu'elle rencontre le graveur et auteur Alexandre Manceau, 32 ans. Il sera son secrétaire et son amant pendant quinze ans. Simone de Beauvoir a 44 ans lorsqu'elle tombe amoureuse du cinéaste Claude Lanzmann, 27 ans. L'artiste Suzanne Valadon en a 44 lorsqu'elle aime André Utter, âgé de 23 ans, l'ami de son fils, Maurice Utrillo.

Dans un article de recherche[21] décrassant quelques idées reçues, l'historienne Ella Sbaraini s'est penchée sur

21 « "Those that prefer the ripe mellow fruit to any other": Rethinking depictions of middle-aged women's sexuality in England, 1700-1800 », *The Journal of the Social History Society*, vol. 17, n° 2, avril 2020.

la sexualité des femmes d'âge moyen dans l'Angleterre de 1700 à 1815 – c'est-à-dire celles d'à peu près 30 ans à l'époque, l'équivalent de 50 ans aujourd'hui. Elle s'est notamment plongée dans les comptes-rendus de procès pour adultère. Beaucoup étaient recensés dans la presse populaire, à grand renfort de détails voyeuristes et croustillants.

On y découvre que la mère femme au foyer séduisant un homme plus jeune est, déjà, une figure érotique excitant l'imagination des lecteurs. Traînée devant les tribunaux pour sa conduite, une certaine Lady Westmeath, 37 ans, est ainsi dépeinte comme une « séductrice rusée et mondaine ». Pire qu'une mante religieuse aux yeux des juges britanniques, elle est une « matrone expérimentée, mariée depuis douze ans, mère de plusieurs enfants, maîtresse dans l'art de tous les mystères de la séduction ». Son jeune amant, la petite vingtaine, est en revanche décrit comme un pauvre petiot « sans expérience », cadet d'une famille respectable. Tout juste sorti des jupes (ou plutôt des pantalons) de son tuteur, il est tombé dans les griffes de la lady lubrique qui, scandale, pourrait être sa mère ! Une cougar et son toy boy avant l'heure, en somme. Preuve de l'ambivalence à l'égard de la vieillesse : si les femmes mûres étaient en général invisibilisées et source de dégoût, quelques-unes (mais seulement les plus jolies et pas les plus âgées) incarnaient aussi, parfois, des figures extrêmement érotiques.

Deux siècles après le procès de Lady Westmeath, les couples tels que celui des Macron restent peu nombreux. Ils inspirent toujours une certaine méfiance, à tout le moins de la suspicion, quand ils ne sont pas jugés franchement intolérables. Dans la pièce *Le Prénom*, adaptée en long-métrage[22], Claude, secrètement surnommé «la prune» par tous ses proches qui le supposent homosexuel, assure fréquenter une femme mais refuse de révéler son identité. Sous la pression générale, il finit par confier qu'il s'agit de Françoise, la mère de deux des amis présents. Les convives sont sous le choc. Horreur! Scandale! Les esprits s'emballent. Personne ne supporte cette nouvelle. Pourquoi?

Évoquant notamment ce film, Sylvie Bommel émet une hypothèse: «La passion partagée d'une senior et d'un junior contient une menace spécifique: que deviendrions-nous si les hommes se mettaient tous à aimer des femmes qui ne peuvent plus leur donner d'enfant? La race s'éteindrait, ce n'est pas rien comme menace!»

De fait, un tel risque n'alerte personne dans le cas des couples où l'homme est plus âgé que la femme. En particulier chez nos people: Vincent Cassel quitte Monica Bellucci et épouse Tina Kunakey, une mannequin de 31 ans sa cadette, Patrick Bruel, 61 ans, est en couple avec Clémence, une attachée de presse de 27 ans, Harrison Ford et son épouse Calista Flockhart ont vingt-deux ans de différence... De tels écarts n'ont longtemps choqué personne, tant ils incarnaient la norme.

Sur le marché du travail comme sur le marché sexuel, les hommes sont désirés et désirables en fonction de leur statut social. Pour eux, apparence et beauté comptent moins que pour les femmes, estime la sociologue Eva Illouz, spécialiste des émotions. «Beaucoup d'hommes

22 2010 pour la pièce, 2012 pour le film.

aiment les femmes plus jeunes car la jeunesse signifie un déficit de ressources sociales et économiques : c'est, pour eux, une façon euphémisée d'avoir du pouvoir, explique-t-elle, choisissant ses mots avec précision. L'inverse est plus difficile à justifier pour les femmes âgées : voilà pourquoi on s'étonne en permanence du couple Macron, alors que personne ne se pose la question pour Melania et Donald Trump, par exemple. » Dans ces couples, l'homme échange de l'argent contre la jeunesse dans une relation de pouvoir, loin d'être égalitaire, assure-t-elle. Au fond, Mona Chollet ne dit pas autre chose quand, à propos du cas particulier de l'homme cherchant une compagne plus jeune, elle écrit : « Et s'il ne pouvait aimer qu'une femme qu'il domine ? Car ce schéma implique une double violence : à l'égard de l'épouse délaissée, mais aussi, de manière plus feutrée, à l'égard de la nouvelle compagne. [...] Dès lors, ce que recherchent certains hommes, ce n'est peut-être pas tant un corps féminin jeune que ce qu'il dénote : un statut inférieur, une expérience moindre[23]. »

Bien sûr, tout cela est rarement le fruit d'une stratégie consciente. En outre, ce déséquilibre finit parfois par nuire au couple. Dans les années 1970, à la radio, Romain Gary dit à propos de sa relation avec l'actrice américaine Jean Seberg, de vingt-quatre ans sa cadette : « À 50 ans, on a expérimenté l'homme. Plusieurs fois. On a vécu. Et voilà que, soudain, on se retrouve en compagnie d'une jeune femme qui commence tout juste, qui désire forger sa propre relation au monde. C'est difficile à supporter. Vous

23 Mona Chollet, *Sorcières. La puissance invaincue des femmes*, *op. cit.*

la regardez commettre les mêmes erreurs que vous. Elle n'écoutera pas vos conseils. Plus vous lui en donnez, plus vous commencez à ressembler à un papa sage. Autant dire qu'après un certain temps la relation mari et femme s'est transformée en une relation père-fille. Voilà la tragédie. »

Certains hommes dans cette situation souffrent d'un syndrome à la Dorian Gray, observe Odile Chabrillac : « Bien plus que les femmes, pour qui les cycles menstruels battent indéniablement le tempo du temps filant vers la ménopause, les hommes ont souvent du mal à accepter et affronter leur propre vieillissement, leur déclin corporel, c'est-à-dire la perspective de leur mort. Une façon d'éluder le sujet est de prendre une conjointe plus jeune : ils voient en elle l'illusion de leur propre jeunesse, comme dans un miroir. »

Pour vérifier si ces messieurs souffrent du syndrome de Dorian Gray, s'ils ont besoin de se rassurer auprès d'une conjointe moins expérimentée ou encore s'ils rêvent de faire des enfants passé 50 ans, posons-leur la question. Quelques-uns, pas si nombreux, ont accepté de se livrer sur le sujet.

« Oui, Alice gagne moins d'argent que moi, mais c'est uniquement parce qu'elle est au début de sa carrière ! » confie Pierre, chef d'entreprise dans le secteur du numérique. À 58 ans, il a quitté son épouse Catherine pour se mettre en couple avec Alice, 30 ans. Il tient à préciser, avant toute chose, qu'il a rencontré cette dernière alors que son mariage était déjà moribond. « Lorsque nos deux fils sont partis, Catherine et moi avons réalisé que nous n'avions plus rien à nous dire. Alice me voit tel que je suis : un entrepreneur qui tente de changer les choses à son échelle. Catherine, elle, voyait surtout en moi la somme de mes échecs, les rêves professionnels inaboutis, les promesses non tenues. Je ne joue pas les mentors avec Alice, mais j'ai plus d'expérience professionnelle : je lui donne des conseils. Mais elle m'en donne aussi, par exemple sur l'usage des réseaux sociaux, que je maîtrise moins bien. C'est un échange. Nous avons le même état d'esprit, la même énergie. Je ne vois pas l'écart d'âge entre nous, sincèrement. Devant mes amis, je suis fier de m'afficher avec une jolie femme à mon bras, c'est vrai, mais j'étais tout aussi fier avec Catherine. »

« Je n'ai pas quitté une femme de mon âge pour une jeunette : j'ai longtemps été un célibataire invétéré », raconte Vincent, 59 ans, la dégaine juvénile – il porte un jean déchiré aux genoux et des Converse aux lacets vaguement dénoués. Sa compagne, Noémie, a 31 ans. « Mais si je suis honnête, oui : depuis la quarantaine, je sors avec des femmes d'une trentaine d'années, donc plus jeunes d'une décennie au moins. Elles m'attirent plus, mais c'est réciproque, et je n'ai jamais vraiment fait attention à l'écart d'âge. Probablement parce que je suis un peu immature. Noémie dit que je suis un grand gosse, demandez-lui ! » Un grand gosse ? Noémie n'a pas voulu répondre.

Par curiosité, j'ai tout de même posé la question à des femmes fréquentant des hommes plus vieux qu'elles d'au moins dix ou quinze ans. Souvent, elles sont sur la défensive : « Un grand gosse, non, mais on me sort souvent que les filles dans mon cas cherchent un père dans leurs relations de couple. Ce sont des conneries ! » s'agace ainsi Camille. « J'ai toujours été avec des gars beaucoup plus âgés, simplement parce que les types de mon âge sont d'insupportables gamins», assure de son côté Anna, qui travaille dans l'industrie musicale. Elle a 36 ans, son compagnon du moment en a 53. «Je sors souvent avec des artistes, car c'est mon milieu. En général, c'est moi qui les entretiens, pas l'inverse», précise-t-elle, avec une certaine fierté.

Sylvie Brunel, géographe et ancienne présidente d'Action contre la faim, fut l'épouse d'Éric Besson, ministre de Nicolas Sarkozy, qui l'a quittée pour une femme plus jeune. Une rupture qu'elle évoque dans *Manuel de guérilla à l'usage des femmes*. Partant de son histoire personnelle, elle analyse la situation des femmes abandonnées par leur conjoint autour de la cinquantaine. « Une chose me choque beaucoup, me confie-t-elle. Si les femmes de plus de 50 ans sont marginalisées et déclassées, c'est aussi parce qu'il y a une alliance objective entre les hommes vieillissant et les femmes jeunes. Ces dernières rejettent leurs aînées comme si elles appartenaient à un autre camp. Elles les maltraitent comme si elles-mêmes allaient échapper à l'âge. Elles sont convaincues d'être "l'exception", celle qui arrêtera la roue, la fille hors du commun grâce à qui le quinqua séducteur se rangera enfin : c'est une illusion. J'aimerais les prévenir : ne vous trompez pas de bataille. Vous serez quittées vous aussi pour une femme plus jeune. »

C'est donc avec la complicité des «jeunettes» que les femmes mûres seraient délaissées par leurs conjoints ? Prêtons-nous un instant à un petit exercice. Imaginons un pays où, pour éviter ce genre de situation et rétablir l'équilibre entre les générations, le Parlement adopterait une loi interdisant formellement un écart d'âge supérieur à vingt ans dans les couples, sous peine de sanctions. Pour enfoncer le clou, les hommes jusque-là avec des petites jeunes seraient contraints de subir des stages de rééducation. Les vingtenaires et trentenaires séduites par des quinquas seraient quant à elles envoyées en formation pour regonfler leur ambition, afin que celle-ci ne se réduise pas à sortir avec des seniors-mentors susceptibles de leur ouvrir des portes (surtout lorsqu'ils travaillent dans le cinéma, par exemple). Comment les couples vivraient-ils un tel bouleversement ? La société pourrait-elle s'en remettre ?

L'écrivaine Nathalie Azoulai explore ces questions dans son roman *Juvenia*[24], une délicieuse satire où une telle loi est appliquée dans un petit pays imaginaire. Dans le café parisien où je la retrouve, je bégaye quelques mots inaudibles, telle une débutante, ne sachant par où commencer. *Titus n'aimait pas Bérénice* m'a beaucoup impressionnée mais je n'ose pas le lui dire. Par chance, elle entame la conversation en feignant de ne pas remarquer mon vacillement. « J'ai écrit ce livre d'une traite, après avoir constaté qu'autour de moi, dans mon milieu culturel – je me garde bien de faire des généralités –, des amies étaient quittées par leur conjoint pour des femmes plus jeunes, raconte-t-elle. J'ai également remarqué que, soudain, les hommes de ma génération qui refaisaient leur vie entretenaient désormais des rapports de camaraderie avec les femmes de leur âge, comme moi. Comme si nous étions devenues des hommes, nous aussi...

24 Stock, 2020.

Ou plutôt, comme si nous étions désormais des femmes éteintes, alors que les jeunes restaient allumées ! »

Irrésistiblement drôle, son roman ne critique personne en particulier, mais se moque de tout le monde : les quinquas un peu pathétiques vivant dans le fantasme d'une seconde paternité, les épouses quittées, battantes mais un peu amères, et les jeunettes, loin d'être des victimes fragiles, très conscientes de ce qu'un homme plus âgé peut leur apporter. Le vieillissement est un sujet peu glamour, que personne n'aime regarder, à commencer par les femmes, explique-t-elle. À la fin de son ouvrage, elle soulève une question : la donne changerait-elle si la science permettait de repousser la ménopause des femmes bien au-delà de 50 ans, leur offrant la possibilité de procréer jusque très tard ? Pas sûr. À moins que le discours médical alarmant sur les grossesses jugées à risque au-delà de 40 ans n'évolue lui aussi.

Les études sur le sujet montrent que, dans la plupart des couples hétérosexuels, l'homme est plus âgé que la femme, et cela avec une grande constance dans le temps et à travers les continents. Mais cet écart est en général moins élevé que celui observé chez les people. Selon l'Insee, dans les couples cohabitant dans la même résidence principale (ce qui exclut tout de même un certain nombre de couples), l'homme est en moyenne plus âgé que sa conjointe de deux ans et demi et, dans 19 % des cas, il a cinq à neuf ans de plus qu'elle.

Désirant comprendre ce que cet écart et sa constance révèlent sur nos normes, Marie Bergström, sociologue à l'Institut national d'études démographiques (Ined), s'est penchée sur les pratiques des utilisateurs de Meetic, ce site de rencontres où l'on peut sélectionner les partenaires recherchés en fonction de leur âge. Ses travaux montrent que les hommes sont à l'initiative des premiers contacts dans 90 % des cas, et que l'âge recherché chez le partenaire lors de l'inscription ne correspond pas toujours à celui des personnes effectivement contactées sur le site. « Aux âges jeunes, les hommes contactent aussi bien des personnes plus âgées que plus jeunes, détaille-t-elle. Lorsque l'on monte dans les âges, ils manifestent cependant un intérêt de plus en plus marqué pour les femmes plus jeunes : l'écart d'âge avec leurs interlocutrices passe de 2,2 ans en moyenne en faveur de la femme chez les 18-24 ans à 7 ans en moyenne en faveur de l'homme chez les 60-70 ans[25]. »

Et c'est à peu près l'inverse chez les utilisatrices, poursuit Marie Bergström : « Les femmes jeunes contactent largement des hommes plus âgés et c'est le cas jusqu'à la quarantaine alors qu'après cet âge, les femmes sollicitent aussi des utilisateurs plus jeunes. » Elles affichent donc des critères de choix plus larges. Pourquoi ? Eh bien, par réalisme, et parce qu'elles n'ont pas le choix. Beaucoup ont la garde de leurs enfants après une première séparation et recherchent un nouveau conjoint dans le cadre d'une recomposition familiale. Pour augmenter leurs chances de rencontres, elles ouvrent donc l'éventail des possibles au maximum. « Qu'ils soient séparés ou non, parents ou pas, les hommes, eux, se sentent jeunes et sollicitent des femmes qu'ils identifient

25 Marie Bergström, « De quoi l'écart d'âge est-il le nombre ? L'apport des big data à l'étude de la différence d'âge au sein des couples », *Revue française de sociologie*, n° 59, 2018.

comme l'étant également », explique Marie Bergström. Et parce qu'ils sont statistiquement moins nombreux à assumer la responsabilité principale de leurs enfants.

Ces histoires d'âges ont de quoi donner le tournis. Parmi les femmes interrogées pour cette enquête, celles en couple avec des hommes nettement plus jeunes ont souri à l'évocation de ces études. « À mon âge, enfant ou pas, on se fiche d'à peu près tout », raconte Éliane, 67 ans. Durant neuf ans, elle a vécu avec Alexis, de vingt ans son cadet. Elle le décrit comme un homme doux, passionné par le piano. Un sourire nostalgique éclaire son visage lorsqu'elle évoque la façon si particulière qu'il avait de l'embrasser, « comme un enfant sérieux et impétueux à la fois ». « Nous nous sommes rencontrés par des amis communs. L'attraction physique a tout de suite joué entre nous. Cette alchimie, le mystère des phéromones qui donnent envie de dévorer un corps sur-le-champ : cela ne s'éteint pas avec l'âge, et lui se fichait du mien. »

Le regard des autres était parfois pénible, confie néanmoins Éliane. « Je lui demandais d'éviter les jeans troués ou les fringues qui le rajeunissaient trop, et de laisser pousser sa barbe pour se vieillir un peu : elle était déjà poivre et sel alors que ses cheveux étaient d'ébène. Au début, surtout, les remarques de nos proches étaient dures. Ses copains se demandaient à quel genre de pratiques je l'avais initié. Quelques-uns me traitaient de vieille peau : ils ne comprenaient pas. L'une de mes amies m'a demandé si je le payais ! Certaines personnes se sont éloignées de moi. Je me sentais jugée, j'en ai un peu bavé. Cette relation a fait le tri dans mes amis, mais je ne le regrette pas. » Leur histoire d'amour, solide, aurait sans doute tenu longtemps encore sans une mutation professionnelle d'Alexis, parti en Asie. Éliane a choisi de ne pas le suivre afin de ne pas s'éloigner géographiquement de ses parents dépendants.

Brigitte Macron s'en est elle aussi pris plein la figure : en 2019, le président brésilien Jair Bolsonaro l'a régulièrement insultée sur les réseaux sociaux, s'attaquant à son âge. Il a sans doute fallu du cran à la première dame pour tenir bon face à une telle misogynie teintée d'âgisme. Mais ses tailleurs, ses robes impeccables et ses fines jambes de mannequin ont aussi fait d'elle une icône de mode et du chic à la française. Faut-il y voir une revanche ? Peut-être. Aussi transgressif que soit son couple, Brigitte Macron reste malgré tout très sage dans son rôle de première dame, souligne Sylvie Bommel, dans l'ouvrage qu'elle lui consacre. Loin de l'audace d'Eleanor Roosevelt…

5. LA FORCE DES VIEILLES

Garde bien ceci en tête : il ne faut jamais sous-estimer l'audace spirituelle d'une « dangereuse » vieille femme.

Clarissa Pinkola Estés, *La danse des grands-mères*, 2006

À quel âge est-on le plus heureux ? Impossible de livrer une réponse ferme : cela dépend des pays, des revenus et des trajectoires individuelles. Un article de *The Economist*[1] souligne néanmoins que le bonheur suit une courbe légèrement convexe, en U : élevé durant la jeunesse, il décline à l'âge adulte, puis remonte au moment de la retraite où, dans certains cas, il culmine. Une étude de l'Insee rend compte de résultats similaires pour la population française[2].

Toujours d'après *The Economist*, ce sont les femmes états-uniennes de 70 ans qui semblent constituer le groupe le plus heureux du monde, avec un indice de satisfaction de 7,5 points, soit 0,5 point de plus que leurs compatriotes masculins.

Ces données ne sont bien sûr que des moyennes masquant une grande diversité de cas. Il n'empêche : voilà qui tranche avec quelques idées reçues. Car si les septuagénaires

1 « Do people become happier after 40? », *The Economist*, 12 avril 2019.
2 Cédric Afsa et Vincent Marcus, « Le bonheur attend-il le nombre des années ? », Insee, *France, portrait social*, édition 2008.

américaines sont les personnes les plus heureuses de la planète, c'est peut-être qu'elles ne sont pas si mal dans leur peau, en dépit des rides, des poches sous les yeux et de la ménopause. Probablement parce qu'elles profitent d'une vie sociale (enfants, petits-enfants, amies, activités culturelles) souvent plus riche que les hommes. Mais cela a sans doute quelque chose à voir, aussi, avec cette observation de Simone de Beauvoir : « La vie sexuelle se prolonge d'autant plus qu'elle a été plus riche et plus heureuse[3]. » Et surtout, avec la liberté que certaines femmes déclarent savourer lorsque, les années passant, les contraintes liées à la vie active, à la maternité et aux normes se délitent enfin.

Allons le demander aux femmes.

Comment les femmes vivent (vraiment) leur corps avec l'âge

Sur la sexualité des femmes mûres, les clichés et les malentendus sont légion. Le premier voudrait qu'elles éprouvent moins de désir. C'est peut-être vrai pour certaines, mais même pour celles-ci, est-ce vraiment en raison de leur âge et des bouleversements hormonaux liés à la ménopause ? Pas forcément. « Le plus souvent, c'est surtout le vieillissement du couple qui explique la baisse du désir. Après vingt ou trente ans de vie commune, celui-ci s'émousse. On met souvent cela sur le dos des femmes, mais le désir s'entretient à deux ! » souligne la psychanalyste Catherine Grangeard.

3 Dans *La Vieillesse*, *op. cit.*

Son ouvrage sur le sujet, *Il n'y a pas d'âge pour jouir*, se veut une réponse « de la bergère au berger » – en l'occurrence, aux propos tenus par l'écrivain Yann Moix dans *Marie-Claire*, en janvier 2019 : « À 50 ans, je suis incapable d'aimer une femme de 50 ans. [...] Je trouve ça trop vieux. [...] Ça ne me viendrait pas à l'idée. Elles sont invisibles. Je préfère le corps des femmes jeunes, c'est tout. Point. Je ne vais pas vous mentir. Un corps de femme de 25 ans, c'est extraordinaire. Le corps d'une femme de 50 ans n'est pas extraordinaire du tout. »

À ce propos, une collègue, la soixantaine, me glisse une remarque, autour d'un café : parmi les couples de son âge, observe-t-elle, les femmes, volontiers coquettes, affichent souvent un corps entretenu par le yoga ou la gym suédoise, tandis que leurs conjoints, qui s'entretiennent moins, ferment plus volontiers les yeux sur l'affaissement de leur propre visage et l'épaississement de leur silhouette.

Oui, parmi les seniors des professions intellectuelles, les femmes font souvent plus attention à elles, car on exige qu'elles soient impeccables, tandis que l'on pardonne plus facilement le laisser-aller des hommes. Quelle injustice ! Y a-t-il une cécité collective sur le sujet ? Comme si, à tant répéter et entendre que les hommes surmontent mieux les assauts du temps, on finissait par ne plus voir que souvent, autour de nous, ce sont en réalité les femmes qui « vieillissent bien ».

Le second grand cliché est que, passé la ménopause, les femmes hétéros seraient soulagées d'être libérées du devoir conjugal. Terminé la sexualité contrainte, fini le missionnaire à but procréatif ! C'était peut-être vrai il y a soixante-dix ans (et encore), mais aujourd'hui, tout est plus complexe. « Refuser d'apparaître uniquement comme un objet sexuel ne signifie pas que l'on souhaite à jamais éliminer la satisfaction d'en être un », écrit non sans facétie Betty Friedan, dans *La révolte du 3e âge*.

À quoi ressemble, au juste, la sexualité des ménopausées hétéros ? À quels problèmes, frustrations ou blocages, réels ou supposés, sont-elles confrontées ? Demandons à Brigitte Lahaie quel genre de femmes de plus de 50 ans se tournent vers elle pour lui demander conseil. Ancienne figure du cinéma X, devenue animatrice radio dans les années 1990, Brigitte tient tous les jours sur Sud Radio une émission abordant le sexe et l'amour.

« Il y a une grande diversité d'auditrices, détaille-t-elle. Sans faire de généralités, il y a deux grands cas : les femmes qui sont en difficulté car elles ont besoin de prouver qu'elles ont encore du succès et celles souffrant de sécheresse, de douleurs, ou d'un grand manque de confiance en elles. Les racines du problème ne sont pas toujours les mêmes, mais en raison des diktats sur la beauté et le corps diffusés par la presse féminine, 80 % des femmes ne s'aiment pas physiquement, alors qu'en vérité la plupart des hommes se fichent des kilos qu'elles pensent avoir en trop. Il y a également beaucoup d'auditrices qui affirment être libres, multiplient les partenaires sexuels sur les sites de rencontre afin de se conformer à un certain modèle de femme libérée, mais qui, parfois, souffrent de ne pas être aimées. »

Mais alors, à quoi ressemble une senior à la sexualité épanouie ? « Pour un homme, ajoute Brigitte Lahaie, en fonction de son rapport à sa virilité, une femme mûre est soit inquiétante, soit rassurante. » Rassurante ? « À 30 ans, une femme est dans la construction de soi, dans la séduction physique, elle a besoin de plaire ou de procréer : elle est moins accueillante qu'à 50 ans. À 50 ans, quand tout va bien, elle dispose d'une liberté sexuelle impossible à 30 ans. Elle accueille un homme dans toute son ouverture, car elle est épanouie. À condition de jouer sur un registre qui est le sien, authentique. C'est mon cas aujourd'hui, explique Brigitte Lahaie. J'ai maintenant une relation apaisée avec les hommes. Ils sont bien avec moi. »

En 2020, à 64 ans, vingt-cinq ans après avoir raccroché, elle a accepté de jouer dans le film porno-érotique d'Olympe de G, *Une dernière fois*. Celui-ci raconte l'histoire de Salomé, qui a décidé de mettre fin à ses jours, mais prévoit de faire l'amour une dernière fois, et d'en faire un feu d'artifice. Brigitte a accepté le rôle pour aider les femmes de son âge à mieux vivre leur sexualité. Elle a malgré tout beaucoup hésité : elle est désormais une animatrice radio établie, l'aventure n'était pas sans risque pour elle. Elle ne manque pas de courage de l'avoir tentée.

Poussons la réflexion plus loin encore : si à 50 ans il est possible de profiter d'une confiance sexuelle dont on serait dépourvue à 30 ans, cela signifie-t-il que les années libèrent ? Que plus les décennies passent, plus l'on s'autorise tout ce que l'on s'interdisait avant ? Pas exactement, nuance Brigitte Lahaie. « Il n'y a pas de miracle à 50 ans. Beaucoup de choses sont déjà jouées : on ne devient pas une femme libérée du jour au lendemain si l'on était ultracomplexée et bloquée avant. Mais si les graines de la liberté étaient déjà là, si l'on était déjà sur le chemin de l'épanouissement, on l'est un peu plus encore. Et l'on peut explorer de nouveaux territoires. »

Pas de révélation subite ni de transformation miraculeuse, mais un affranchissement parfois discret, parfois plus net, dont les ferments étaient déjà présents auparavant. Dès lors, une relation différente avec les hommes peut se nouer. Beaucoup de femmes parlent de cette évolution, chacune avec ses mots.

Sylvie Brunel voit ainsi un certain avantage à l'invisibilisation au-delà de 50 ans : « On est hors du marché, on sort du regard masculin jugeant le corps en permanence. » Elle nourrit désormais des rapports d'une grande franchise avec les hommes. En particulier les plus jeunes, en confiance avec elle : « Ce sont des rapports humains normaux, dans la fraternité et la bienveillance, dénués des enjeux de la séduction. »

Sam, dit les choses un peu autrement : « La liberté, c'est la connaissance. À 61 ans, tu connais ton corps et tu n'as plus rien à prouver sexuellement. Tu sais ce qui te fait du bien et tu vas le chercher directement, sans détour. À 30 ans, je perdais mon temps avec des coups minables, je testais des acrobaties avec des hommes ou des femmes, parce que je cherchais… Quoi, au juste ? Je ne le savais même pas, mais j'ai fini par comprendre que ce n'est pas en multipliant les partenaires qu'on apprend à trouver du plaisir. Qu'on s'épanouit. Mieux vaut la qualité que la quantité : à 60 ans, on le sait. Soit tu trouves ce dont tu as besoin auprès de ton ou ta partenaire, soit… » Sam suspend sa phrase au vol quelques instants. Puis elle part dans l'un de ses grands éclats de rire communicatifs. « ... soit tu épanches tes envies autrement. Tu as eu quelques décennies pour savoir ce qui te correspond en fonction du temps, des rencontres, du moment, des humeurs. Et comme les possibilités de rencontres s'amenuisent avec le temps, la meilleure des options se résume bien souvent à la masturbation. »

Savoir un peu mieux ce que l'on veut : la militante féministe Thérèse Clerc disait les choses plus franchement encore. Mariée à 20 ans, mère de quatre enfants, elle divorça à 40 ans, en 1969, se révolta contre la domination masculine et commença à explorer son homosexualité. Mai 68 l'avait « habituée à une très grande liberté collective », expliquait-elle au journal *Libération* en 2008[4]. « J'ai pu user de cette liberté avec le corps et la sagesse de mes 40 ans. Les amours étaient fastueux. En 1969, le lesbianisme, c'était un acte politique. Le plaisir sans coït, ça a été la révolution. » À la fin de sa vie, elle parlait de son homosexualité sans ambages dans les interviews et documentaires qui lui ont été consacrés[5]. Elle a confié notamment qu'elle avait eu des maîtresses jusque très tard et que la vraie sexualité s'épanouit, selon elle, « dans ce très bel âge qu'est la vieillesse ». C'est-à-dire la sexualité « où il n'y a pas de pouvoir, ni la dictature de l'érection. Les femmes ne sont plus dans la procréation, ni les hommes dans leur sacro-sainte virilité. Avec ses mains et sa bouche, on peut

4 « Thérèse Clerc Flamme forte », *Libération*, 11 juin 2008.
5 Notamment *Les Invisibles* (2012) et *Les Vies de Thérèse* (2016), de Sébastien Lifshitz.

faire des miracles. Je dis aux hommes : “Vous savez ce qu'il vous reste à faire”[6] ».

Une sexualité plus mûre, détachée des injonctions, dont celle de la performance. « De toute façon, on ne peut plus ! » s’exclame Marianne, 61 ans, assistante de direction. Elle jette un coup d’œil à la porte, se rendant compte qu’elle a parlé plus fort qu’elle ne l’aurait voulu. Nous sommes dans son salon. Son fils se prépare un café dans la cuisine, d’où il peut l’entendre. Elle se penche vers moi pour ajouter, sur le ton de la confidence : « Le corps réagit plus lentement, la machine tourne un peu moins vite. » Tout cela change la donne pour le meilleur, selon elle. « On prend le temps. On savoure et c’est dix fois plus intense. » Depuis qu’elle s’est séparée de son conjoint, elle redoute néanmoins de finir seule, parce qu’elle n’a plus tellement l’occasion de rencontrer de nouveaux hommes dans son cercle de relations et qu’elle n’envisage pas de s’inscrire sur un site de rencontres. « Jane Fonda dit avoir fermé la boutique à 80 ans : je ne sais pas si je tiendrai jusque-là », rit-elle, mi-soucieuse, mi-amusée.

Que dire des maux du corps ? De son affaiblissement, des désagréments possibles liés aux changements hormonaux ? Souvent, les femmes acceptant de se confier sur la ménopause évoquent également les transformations de leur peau, leurs seins, leur sexe. « Oui, tout change : moins de souplesse, plus de fragilités, ce qui engendre des

6 Toujours dans *Libération*.

sensations différentes, explique Loretta, 57 ans, vendeuse dans un magasin de vêtements. Mais le corps de l'autre change aussi, et cela aide à l'accepter. C'est un chemin que l'on fait à deux : on parcourt notre conjoint différemment, il nous parcourt différemment. » Du moins, c'est ainsi qu'elle vivait sa relation avec son ex-mari, dont elle s'est séparée il y a peu. « Nous sommes encore amis, mais au quotidien, je ne supportais plus son pessimisme. »

« Oui, le vieillissement se vit à deux, ou faudrait-il dire : il se vit mieux à deux, estime Caroline, 69 ans. C'est peut-être plus facile dans les couples lesbiens, parce que l'on s'est déjà détachées de la pression du regard masculin, et parce que l'on traverse des expériences physiques similaires : cela nous rapproche un peu plus encore, les tabous sont impossibles ! Ma compagne et moi nous épaulons beaucoup à cet égard. Il y a une grande bienveillance dans le regard que nous portons sur le corps de l'autre. Mais cette proximité a un revers : l'autre est aussi un miroir terrible de son propre vieillissement. C'est également, au fond, le pendant de la connaissance mutuelle et des années : on sait mieux trouver le plaisir et le donner, mais cela ne compense pas complètement l'usure du corps ni, parfois, la baisse du désir liée à la fatigue et l'habitude, tout simplement. »

« Il faut quand même parler de la sécheresse vaginale, aussi gênante pour soi que pour le partenaire, souligne Anne-Marie, 75 ans, retraitée de l'Éducation nationale. Mais on peut y remédier grâce à une pommade prescrite par le gynéco. » Elle tient à ajouter : « Le désir de séduction est toujours présent, l'âge n'y change rien. Ce qui change et évolue, c'est la cible de ce désir et les façons de le manifester. On est peut-être moins direct, plus désireux de tendresse que de fougue, mais la libido est toujours là. »

Et puis, il y a les cheveux blancs. Dans *Une apparition*[7], la journaliste Sophie Fontanel décrit la lente mutation de sa chevelure, lorsqu'elle cesse de la teindre. « Et enfin, à cinquante-trois ans, j'ai entrepris d'apparaître », écrit-elle. Elle réalise que ses craintes liées à l'avancée en âge sont en partie infondées. Le blanc éclaircit son visage – elle apparaît, littéralement. Elle goûte une nouvelle liberté. Elle séduit tout autant. Pourquoi, alors, tout ce cirque autour des cheveux ?

Il est vrai que de plus en plus de femmes assument le gris ou le blanc. Du moins, dans les milieux culturels ou intellectuels privilégiés. Au sein des classes moyennes et populaires, c'est parfois un peu plus compliqué. Loretta l'a déjà envisagé, pour faire des économies et parce que son cuir chevelu tolère mal les colorations qu'elle lui inflige. « Mais dans la boutique, les cheveux gris, c'est impossible. Cela ferait trop négligé, un peu sale. Je suis obligée d'être impeccable par rapport aux clientes, c'est important pour l'image du magasin. Est-ce que je les laisserais blanchir si j'avais un autre boulot, dans des bureaux, par exemple ? Je ne suis pas sûre. Les femmes qui peuvent se permettre d'assumer leurs cheveux blancs sont en général très jolies, minces : c'est plus facile pour elles. Avec mes kilos et mes

7 Robert Laffont, 2017.

joues de cocker, je ferais automatiquement dix ans de plus. »

Entre mars et mai 2020, certaines femmes ont profité du confinement, à l'abri du regard social, pour cesser de teindre leurs cheveux. « Oui, c'était une bonne occasion de voir ce que cela donnait, raconte Éveline, 72 ans. J'ai vu le gris, je n'ai pas du tout aimé : cette image ne me correspondait pas. » Dès le déconfinement, elle est allée chez le coiffeur, pour renouer avec son brun habituel : « C'était comme si je retrouvais mon véritable moi. Lorsque des articles mentionnent des septuagénaires, je me figure qu'il s'agit de très vieilles femmes. Il me faut quelques instants pour me rappeler que j'ai moi-même 72 ans ! Je suis en forme, je n'y pense pas. Faut-il faire absolument coïncider l'âge officiel et l'âge intérieur ? Je ne suis pas certaine. La vieillesse est un état fluctuant. »

Mai, 56 ans, a aussi envisagé la transformation capillaire à ce moment-là. « Avec le confinement, mon salon de massage était fermé, raconte cette petite femme à l'air déterminé. Il n'y avait plus de clients, on ne voyait plus personne. J'ai encore les cheveux très noirs, sauf derrière, où les racines commencent à grisonner. Je les ai laissées apparaître. Mais je les ai vite teintes après : parce que ce n'est pas beau, et surtout parce que, dans ma famille, le gris-blanc a un sens bien précis. C'est la couleur des aînés, celui des grands-mères et grands-pères. Je laisserai mes cheveux blanchir quand ce sera ma place. »

Premières de cordée

Au-delà de la sexualité, la plupart des femmes ne sont guère ravies d'observer les traces dessinées par les années sur leur visage, leurs lèvres, leur silhouette. Les sondages confirment à peu près tous le regard particulièrement dur qu'elles portent sur elles-mêmes, notamment en France. D'après une enquête Ifop menée en 2019, seules 22 % des Françaises se trouvent « très ou assez jolies », contre 27 % des Allemandes, 28 % des Britanniques et des Espagnoles, ou encore 39 % des Italiennes[8].

Passons sur l'adjectif choisi par les sondeurs, quelque peu condescendant – aux hommes, ils n'auraient sans doute pas demandé s'ils se trouvent « jolis », mais plus probablement s'ils se trouvent « beaux ». Ce qui est certain, c'est que la façon dont les femmes se déprécient ne s'arrange pas avec l'âge. Outre les rides, beaucoup, après 50 ou 60 ans, confient leur gêne à l'égard de certaines parties de leur corps, comme les mollets où apparaissent parfois des varices, les cuisses plus flasques ou les bras. « Les cheveux, on peut les teindre, mais on cache difficilement le cou et ses rides, confie Marie, 55 ans. Le pire reste malgré tout le gras des bras qui pendouille : quelle horreur ! Je ne porte plus de manches courtes en été. » Elles sont nombreuses, comme elle, à dissimuler certaines parties de leur corps ou à adapter leur garde-robe. D'autres choisissent d'assumer, s'habillent comme des adolescentes ou du moins se fichent du regard des autres – ce qui exige une force de caractère certaine.

8 Étude Ifop pour Naturavox réalisée par questionnaire auto-administré en ligne du 11 au 15 avril 2019 auprès d'un échantillon de 5 026 femmes, représentatif de la population féminine âgée de 18 ans et plus résidant en Italie, en Espagne, en France, en Allemagne et au Royaume-Uni.

Et les sportives, dans tout ça ? Comment, lorsqu'on a été au sommet de la performance physique, accepte-t-on le déclin du corps, en particulier au sein des disciplines où les femmes sont rares ? Comment, lorsqu'il a fallu se battre deux fois plus que les hommes pour s'imposer, vit-on l'avancée en âge ? Quel cheminement, quel travail permettent d'être en paix avec cela ? En bonne Savoyarde, je suis allée interroger des alpinistes et des aventurières.

Christine Janin, médecin et alpiniste, est la première Française à avoir escaladé l'Everest (8 848 mètres), en 1990, à 33 ans. Dans la foulée, elle a enchaîné l'ascension des plus hauts sommets de chaque continent (Vinson, Denali, Elbrouz, Kilimandjaro, Puncak Jaya et Aconcagua), devenant la première Européenne à réaliser un tel exploit. Comme cela ne lui suffisait pas, elle s'est lancée dans une traversée de l'Arctique à ski et a atteint le pôle Nord à pied en 62 jours.

Aujourd'hui, elle est marraine de plusieurs associations et en dirige même une, À chacun son Everest, qu'elle a créée en 1994 pour soutenir les enfants souffrant de cancer et aider les femmes en rémission de cancer du sein à mieux guérir. « J'ai du mal à imaginer que j'ai 63 ans, mais mon âge se rappelle à moi le matin, lorsque le corps est un peu rouillé », témoigne-t-elle. À 40 ans, après le pôle Nord, elle a choisi d'abandonner les grandes expéditions, très physiques. Mais elle n'a pas rangé son équipement au placard du jour au lendemain. Elle n'en a été capable qu'au prix d'un long travail sur elle-même. « Pour ceux de ma génération, l'alpinisme et les expéditions sont plus qu'un mode de vie : c'est une dope. Pour décrocher, il est indispensable de remplir le vide et faire le deuil du corps d'avant. C'est un parcours complexe. »

Elle ajoute : « Avec l'âge, on ne peut plus vivre à 100 % et à 100 à l'heure tout le temps. Mais accepter de vivre plus doucement ne va pas de soi. » Elle qui galopait partout s'est mise à la méditation de pleine conscience afin de trouver comment habiter son corps différemment et d'identifier ce qui est bon pour lui. « Aujourd'hui, je m'offre des massages, je fréquente les spas : autant de choses que je ne m'accordais jamais auparavant car j'étais dans l'extrême. Il fallait que ça fasse mal. » Elle pratique toujours la randonnée, le ski et le trekking. Mais désormais, elle le fait pour le plaisir. Surtout : son investissement dans À chacun son Everest l'a aidée à redéfinir son identité, à devenir une nouvelle personne : « Une femme d'association, qui n'est plus tout à fait la même que celle qui a fait le pôle Nord. Je me préfère aujourd'hui. Mais je n'apprécierais pas vraiment qu'on m'appelle mamie ! »

Laurence de la Ferrière, 64 ans, parle également de ce long cheminement, indispensable pour accompagner les transformations de son physique d'athlète. Alpiniste, aventurière, elle a débuté en gravissant le Kangchenjunga en 1984 (8 505 mètres), établissant le nouveau record mondial féminin d'ascension en haute altitude sans oxygène. Elle multiplie ensuite les expéditions, explore la banquise, devient la première et seule femme au monde à avoir traversé intégralement l'Antarctique en solitaire, tirant un traîneau harnaché à ses reins et chargé de 140 kilos d'équipement. Les températures descendent jusqu'à – 50 °C.

Entre 2008 et 2010, elle dirige la base Dumont-d'Urville en Antarctique. Une nuit, elle part seule en expédition pour effectuer quelques relevés. La glace craque sous ses pieds, elle tombe dans un trou d'eau. Elle parvient par miracle à en sortir en se débarrassant de son sac à dos. Laurence de la Ferrière est une héroïne ; pourquoi aucun réalisateur ne s'est-il encore penché sur sa vie ?

Longtemps, elle a été une solitaire. Elle se souvient d'avoir été concentrée sur ses exploits, peu attentive aux autres : « Ils n'étaient là que pour m'aider dans mon parcours. Je ne les regardais pas. J'étais dans une quête effrénée. » La cinquantaine approchant, elle a compris qu'elle devait accepter la baisse de ses performances physiques et l'accompagner, afin de permettre à son corps de tenir plus longtemps. Lorsque sa quête d'aventures s'est achevée, elle s'est d'abord sentie démunie. Seule. « Je me suis peu à peu tournée vers ma vie intérieure. Je me suis bâti une sorte de cocon suffisamment consistant pour me permettre d'aller vers les autres sans craindre leur regard, pour l'échange. »

Après ces années à foncer tête baissée, elle a soudain ressenti le besoin de donner à tous ceux qui l'avaient soutenue au fil des ans. « J'ai dû réapprendre les relations humaines, raconte-t-elle. J'ai alors commencé à donner des conférences, pour raconter mon parcours : cela m'a sauvé la vie en m'obligeant à m'exprimer, à aller vers la transmission, à m'ouvrir à des personnes dans d'autres domaines que le mien. »

L'âge, les rides, elle s'y confronte comme à un sommet : « Je les regarde bien en face et je les accepte. C'est en restant dans cette authenticité, sans nier la réalité, que l'on peut bien vivre l'âge : en l'intégrant. » Elle continue de crapahuter, bien sûr, mais plus en haute montagne. « Avant, je doublais tout le monde sur les sentiers, j'étais impatiente. Désormais, je m'en fiche. Je me laisse doubler. J'ai découvert une nouvelle palette de plaisirs infinis, très différents de la performance : ceux de la contemplation et du partage. » À présent, elle pratique toutes ces activités avec ses enfants, auparavant incapables de la suivre. « Je me suis ouverte à des joies que je n'avais pas imaginées. Tant que l'on n'est pas mort, on peut apprivoiser ce que l'on devient, reconstruire sa vie et trouver de l'équilibre dans le partage. Mais cela suppose d'anticiper, de semer des graines pour y parvenir progressivement. »

Le profil de Sophie Lavaud est un peu différent. À 53 ans, cette himalayiste a déjà gravi onze sommets de plus de 8 000 mètres – on la surnomme la 88 000 lady – et elle espère bien en grimper encore trois, ce qui ferait d'elle l'une des rares femmes à avoir vaincu les quatorze sommets de plus de 8 000 mètres que compte le monde. Sur les 42 himalayistes ayant réussi un tel exploit, on ne recense jusqu'à maintenant que quatre femmes.

Elle donne également des conférences, notamment en entreprise, où elle insiste sur l'importance du travail d'équipe. Car, contrairement à Laurence de la Ferrière, ses longues expéditions dans l'Himalaya ne se font pas en solo. « C'est un monde d'hommes : plus on grimpe, moins on voit de femmes, mais je n'en ai jamais particulièrement souffert. » Sa discipline exige en outre de renoncer à une certaine part de féminité : « Sur une terre de cailloux battue par les vents glacés, on prend une douche quand on peut, c'est-à-dire pas très souvent. »

Et l'âge, alors ? « On récupère moins vite, c'est le plus flagrant. Pour ménager mon corps, je consacre plus de temps à la récupération entre les expéditions. C'est aussi primordial que l'entraînement ou que la capacité à faire le vide lorsqu'on est en haut. Les pensées parasites sont source d'accidents. » Paradoxalement, explique-t-elle, l'âge a également un avantage : il augmente la résistance du corps à l'hypoxie, le manque d'oxygène lié à l'altitude. Reste que, parfois, le corps réclame du repos. « Le mental prend alors le relais. La rigueur liée à la danse classique que j'ai pratiquée pendant quinze ans avant l'alpinisme m'aide beaucoup : pousser plus loin, sans franchir la limite. À 25 ans, on cherche l'exploit. À 53 ans, on a envie de transmission, et l'on trouve du plaisir à cela. » Elle se donne encore trois ans pour atteindre la barre des quatorze sommets.

Accompagner les moindres performances du corps. Accepter de pratiquer à une échelle personnelle, pour le seul plaisir, une discipline dans laquelle on a excellé et pour laquelle on s'est dépassé : pour l'athlète Marie-José Pérec, cette transition fut difficile. Dans une interview donnée au *Monde*[9], la triple championne olympique de 53 ans explique que, longtemps, gagner a été pour elle « une question de vie ou de mort ». Depuis sa retraite, en 2004, elle marraine divers événements. Pendant de longues années, elle n'a plus

9 Entretien avec Anthony Hernandez, « Marie-José Pérec : "Gagner était une question de vie ou de mort" », *Le Monde*, 13 février 2015.

pratiqué l'athlétisme, jusqu'à ce qu'elle se décide à courir le marathon de New York en 2013 – mais uniquement pour lever des fonds au profit d'une association caritative. « Je n'ai accepté le sport loisir que très tard. [...] Avant cela, de mon arrêt jusqu'en 2013, je ne faisais pas de sport. Je courais après mon fils, c'est tout... Je n'avais pas envie de faire un effort pour rien. Ensuite, doucement, j'ai commencé à reprendre du plaisir. Désormais, je cours de temps en temps : en novembre, j'ai fait cent bornes. En décembre, dix. En tout cas, je cours. »

Oublier le corps comme instrument de performance, se le réapproprier comme objet et sujet de plaisir : les danseuses classiques y parviennent-elles, elles aussi ? Leur discipline inflige des douleurs particulières aux chairs, présentes dès le matin au réveil, racontent celles qui la pratiquent à haut niveau. La souffrance physique des pointes meurtrissant les orteils, des articulations étirées à l'extrême, la géhenne infligée par la poursuite du mouvement impossible, surnaturel, défiant les lois des os et de la musculature...

« La douleur est intégrée dans notre vie », confiait ainsi au *Monde*[10] la danseuse et chorégraphe Marie-Claude Pietragalla, et ce, tout au long de la carrière. Cet absolu est-il compatible avec le vieillissement ? Oui, affirme-t-elle. Car si son physique lui permet encore, à 63 ans, de danser, elle se montre plus vigilante à l'égard de son corps. Elle le pousse moins. Le soigne. Surtout : elle déploie également

10 Entretien avec Annick Cojean, « Marie-Claude Pietragalla : "Quelle richesse de vieillir !" », *Le Monde*, 22 octobre 2017.

sa créativité en mettant en scène. En explorant ce qu'elle appelle la « richesse du vécu », toutes ces questions qu'elle ne se posait pas à vingt ans, afin d'ouvrir ses spectacles sur d'autres champs. « Dans ce métier, plus la maturité arrive, plus il faut faire attention parce que le corps peut lâcher. Mais en même temps, il y a une telle richesse qui s'inscrit que ça ne me pose pas de problème. Je suis aussi chorégraphe et metteur en scène, du coup je peux me transposer dans le corps des autres[11]. »

Explorer le vécu, transmettre, créer, se transposer dans l'autre : Christine Janin, Laurence de la Ferrière, Sophie Lavaud, Marie-José Pérec, Marie-Claude Pietragalla enseignent qu'il existe mille façons d'apprivoiser le vieillissement du corps. Elles ne nient pas les difficultés, mais elles ouvrent les possibles, loin de la complainte sur le délabrement des chairs sénescentes.

L'effrayante liberté des vieilles

Une confidence : en décrochant mon téléphone pour appeler en visio une mannequin vivant à Malibu, je m'attendais à une discussion plus ou moins superficielle sur les mérites comparés de la chirurgie esthétique et de la méditation pour vaincre les dégâts de l'âge. J'avais tort.

Il est 11 h 30 sur la côte ouest des États-Unis, 20 h 30 à Paris, lorsque Yazemeenah Rossi décroche. Elle n'est pas maquillée, porte des lunettes et un simple polo gris. La lumière s'accroche à sa longue chevelure blanche : elle est

11 Entretien avec Philippe Vandel, « Marie-Claude Pietragalla : "Je peux me transposer dans le corps des autres" », France Info, 7 avril 2014.

comme une apparition. Même par écrans interposés, sa personne dégage une aura hors du commun. Une énergie magnétique et lumineuse. Yazemeenah Rossi est une sorcière. L'écouter, c'est prendre un risque : celui d'envisager sérieusement de tout plaquer pour filer batifoler dans les forêts californiennes en sa compagnie.

J'ai déjà évoqué le long processus que la ménopause a été pour elle. Passé la souffrance physique et le choc, cette étape l'a aidée à se reconnecter à son corps, mais aussi à son instinct. À la nature. « Au monde sensible, à l'esprit : tout ce à quoi la société nous éduque à être fermés », raconte-t-elle. La fin des règles lui a fait prendre conscience de tout ce dont elle s'était coupée. Et lui a appris à ne plus en avoir peur.

Elle a grandi en Corse, où elle était très connectée à la forêt, la mer, la montagne. À la ménopause, des visions de ruisseaux l'ont traversée. Ceux de son enfance. Soudain, elle a retrouvé la petite fille oubliée en elle et « sa capacité de contemplation, cette bulle où le temps n'a plus d'emprise ». Aujourd'hui, elle marche des heures durant en forêt, dans le désert, où elle prend des photos, rêve, médite.

Elle qui, à 20 ans, ne s'aimait pas et se maquillait pour coller aux critères de beauté, a laissé tomber fond de teint, mascara, rouge à lèvres : « Je n'en ai plus rien à foutre ! » On pourrait lui rétorquer qu'il est facile de n'en avoir rien à foutre lorsqu'on a un physique comme le sien. Mais Yazemeenah entretient avec son corps un rapport enfantin et décomplexé. Elle parle sans détour des petites fuites urinaires qu'elle a parfois, lorsqu'elle est fatiguée. De sa sexualité.

Sa liberté de ton a de quoi dérouter. Elle s'en amuse: elle n'a peur de rien. « Je n'ai pas d'inhibition: le sexe est sacré. » C'est lorsqu'elles perdent cette connexion à ce sacré, à leur nature profonde, que les femmes perdent le désir, estime-t-elle, surtout lorsqu'elles franchissent le cap de la cinquantaine. Mais en s'autorisant la liberté au sens animal, elles entrent dans la création et l'exploration. « Elles dégagent une énergie qui, par essence, est dans la vie. »

Le chemin de Yazemeenah Rossi est singulier. À bien des égards, il entre tout de même en résonance avec les autres témoignages recueillis auprès de sportives, de comédiennes, d'écrivaines, de femmes de divers milieux: en vieillissant, beaucoup plongent à l'intérieur d'elles-mêmes et trouvent un secret sommeillant là depuis longtemps. Un coffre renfermant une pépite d'or. D'autres, encore, retissent un lien perdu il y a longtemps avec la nature, la création, la sagesse, la folie ou, plus simplement, avec une forme de paix. Elles renouent avec l'enfant d'autrefois, ensevelie sous les contraintes de la vie familiale et professionnelle.

Il est important d'apporter ici une précision: toutes les femmes n'entreprennent pas ce voyage. Certaines n'en ont pas envie. D'autres ne le peuvent pas. Même pour celles qui l'entament, le périple n'est pas toujours fructueux. Pour être en mesure d'ouvrir le coffre, il convient d'en avoir la clé. Et celui-ci ne renferme pas toujours la pépite espérée. « Un préjugé doit être radicalement écarté: c'est l'idée que la vieillesse apporte la sérénité », écrit Simone de Beauvoir dans *La Vieillesse*. Tout comme l'idée selon laquelle les vieilles seraient systématiquement plus libres.

Elles peuvent gagner en liberté, mais ce n'est pas le cas de toutes les femmes, et cette nuance est importante. Le chemin à suivre pour y parvenir est aussi passionnant que le résultat non garanti, car il est semé d'embûches et de paradoxes.

Au fond, tout ce qui conduit à l'invisibilisation des vieilles est aussi ce qui leur ouvre une voie vers la liberté : à l'abri des regards, des normes et des diktats liés au désir masculin façon vieille école, elles peuvent se réinventer à leur guise. « Pour les femmes, en particulier, le dernier âge représente une délivrance : toute leur vie soumises à leur mari, dévouées à leurs enfants, elle peuvent enfin se soucier d'elles-mêmes », écrit encore Simone de Beauvoir.

Bien avant le dernier âge, elles sont en mesure de faire sauter les verrous. « Lorsqu'on est jeune et plutôt jolie, on est forcément prisonnière plus ou moins malgré soi de la séduction, résume la psychologue pour enfants Béatrice Copper-Royer. Avec les années, on se départit de l'illusion de pouvoir plaire à tout le monde, et cette liberté-là fait un bien fou. » « Oui, la séduction, se savoir dans le regard chasseur des hommes, est aussi un poids à porter : je me sens beaucoup plus libre maintenant », abonde la créatrice de mode Nathalie Garçon.

Il faut néanmoins une sacrée force pour conquérir cet état d'esprit. Les femmes dont l'identité s'est construite essentiellement autour de la beauté, parfois au détriment du reste, ont plus de mal à vivre la vieillesse comme une libération. Il n'est pas uniquement question du rapport aux hommes, mais plus largement, de la place que l'on se construit en société. Une femme sublime qui aurait fondé sa légitimité sur sa seule beauté risque de n'être pas suffisamment solide pour que ses autres piliers intimes prennent le relais avec le temps, et d'échouer peut-être à trouver la force de bien vieillir.

Ajoutons que celles pour qui la cinquantaine ou la soixantaine s'accompagnent d'une chute dramatique de revenus, en raison d'une perte d'emploi ou d'une retraite minuscule, n'ont pas toujours le temps, l'envie, le loisir ni le luxe de plonger en elles-mêmes pour y réfléchir.

L'autrice américaine Darcey Steinke, elle, a toujours été passionnée de mode, et cela n'a pas changé. Mais elle consacre moins d'énergie à atteindre cet idéal. Elle dit à ce sujet : « Je suis beaucoup moins obsédée par le mascara, les kilos, l'entretien de mon image : cela m'a dégagé un temps fou ! J'ai désormais le temps de regarder vraiment la beauté du monde. »

L'écrivaine Évelyne Bloch-Dano partage ce sentiment : « Prendre de l'âge libère du temps pour penser. On est moins pris dans le quotidien : cela rend disponible aux petites choses, à la beauté partout, mais aussi aux autres. » Elle ajoute avoir retrouvé quelque chose de son adolescence rebelle : « La liberté de parole. Oui, je peux tout dire, ça m'est égal ! »

« Tout dire, oui, ne plus cacher qui l'on est, avec qui l'on vit : si l'on a moins peur, c'est aussi parce que l'on a moins à perdre, témoigne Caroline. La carrière est derrière, un certain nombre des grands choix déterminants de l'existence sont passés. Cela peut être angoissant, mais c'est aussi libérateur. »

Cette disponibilité retrouvée, cette ouverture aux autres et à la beauté, n'est pas une béatitude idiote, une extase superficielle de grand-mère émue aux larmes devant les bourgeons du printemps. Non. Plus prosaïquement, Darcey, Évelyne, comme tant d'autres, sont sorties de la roue du hamster. Celle où nous pédalons tous depuis nos études, notre premier job, notre premier enfant, voire bien plus tôt, depuis qu'une professeure nous a solennellement avertis, au collège : « Surtout, ne choisis pas un métier sans débouchés, sinon tu seras au chômage toute ta vie. » (Oui, une prof de collège nous martelait régulièrement ces mots en classe. Ils m'ont traumatisée. J'ai malgré tout choisi le journalisme, un métier « sans débouchés », en pensant très fort à elle. Mais combien, suivant ses conseils, se sont retrouvés piégés dans un job qu'ils détestent ?)

Darcey, Yazemeenah, Caroline ont fait ce petit pas de côté grâce auquel elles ont saisi que beaucoup de choses auxquelles on accorde une importance majeure n'en ont en réalité aucune. Et qu'il vaut mieux ne pas trop traîner pour profiter de celles qui comptent. « Il n'est jamais trop tard pour élargir le champ, écrit la conteuse et psychanalyste Clarissa Pinkola Estés, dans *La danse des grands-mères*. Quel que soit notre âge, nous pouvons préparer maintenant notre passage vers le mouvoir de la vieillesse et la sagesse de l'âge. Chaque personne aura une chance d'être enflammée de nouveau en tant que force intense et instructive. Mais nous n'y parviendrons que si nous décidons d'en faire notre destination, et ce dès maintenant. »

Dès maintenant. C'est-à-dire à 38 ans, l'âge auquel je rédige ses lignes ? Si cela peut m'épargner quelques années dans la roue du hamster, pourquoi pas.

Pour trouver le chemin, Clarissa Pinkola Estés suggère d'écouter la voix de *La Que Sabe*, Celle Qui Sait. La vieille qui est en nous connaît le chemin. Cette voix antique qui, parfois, au creux des nuits d'hiver, nous murmure les contes d'une sagesse millénaire.

Pour celles (et ceux), plus terre-à-terre, à qui La Que Sabe n'a jamais rien chuchoté, il y a aussi Jane Fonda. Actrice, productrice, militante, féministe, autrice : à 83 ans, par sa longévité et son énergie, la dame impressionne, et cela ne vient pas de nulle part. Côté corps, elle a subi à peu près tous les diktats du cinéma américain. Pendant des décennies, elle a abusé des coupe-faim, oscillé entre anorexie et boulimie, cédé aux sirènes de la chirurgie esthétique. Mais elle a réussi à sortir de ces excès, au prix d'un long travail qu'elle retrace dans ses livres, rédigés à l'hollywoodienne, avec ce côté franc du collier qui prête volontiers à sourire en France, mais ce qu'elle raconte donne à réfléchir[12].

Au fond, explique-t-elle, on peut concevoir la vieillesse comme une arche ou bien comme un escalier. L'arche, en forme de pont, conduit de l'enfance jusqu'à l'apothéose de la vie, autour de la quarantaine, avant la lente glissade vers la déchéance et la mort. Bien plus enthousiasmant, « l'escalier montre notre ascension progressive vers la sagesse, le

12 Voir notamment *Prime time. Profitez pleinement de toute votre vie*, traduit de l'anglais par Stéphane Roques, Plon, 2012.

développement spirituel, l'éducation, autrement dit vers la conscience et l'âme», poursuit-elle. En cela, il constitue «une métaphore claire de la façon dont nous choisissons de considérer la vieillesse. Notre culture obsédée par la jeunesse physique nous pousse à nous focaliser sur l'arche – l'âge comme déclin physique – plus que sur l'escalier – l'âge potentiel d'un développement et d'une ascension continue».

Un peu plus loin, elle écrit encore: «Aux yeux de la société, je suis peut-être sur la pente descendante, mais j'ai découvert un paysage nouveau, différent et stimulant sur l'autre versant – un paysage regorgeant de réserves d'amour inédites, de nouvelles façons d'interagir avec mes amis comme avec des inconnus, de m'exprimer, d'essuyer des revers et de multiplier les ascensions... au sens littéral.»

Et la peur, dans tout cela? Cette sous-partie s'intitule «L'effrayante liberté des vieilles» parce la vieillesse provoque quelques sueurs froides. En particulier chez certains hommes et certaines femmes encore accrochés aux us et bienséances de la société patriarcale. «Prendre de l'âge, c'est réveiller la peur que suscite toujours une femme lorsqu'elle n'existe pas uniquement pour créer d'autres êtres et prendre soin d'eux», écrit l'activiste Cynthia Rich. Voilà en quoi la puissance féminine incarne une menace à l'ordre social traditionnel. Voilà aussi pourquoi les vieilles ont si longtemps inspiré la peur et ont été reléguées aux marges de la société.

On parle du corps et de l'invisibilisation, mais il s'agit de bien plus que cela. «Oui, on sort du grand circuit du désir passé la cinquantaine, détaille la romancière et essayiste Belinda Cannone. Mais vieillir a un côté extraordinaire. C'est une jouissance : celle de la montée en force intellectuelle et sociale, et c'est important. Je le ressens très fort. Moi qui étais très timide autrefois, je n'ai plus de mal à prendre la parole, car je me sens puissante. Et on m'écoute. »

L'audace. La puissance. Nombre de femmes, en particulier dans la sphère culturelle, expérimentent elles aussi cette force ascendante. « À 50 ans, j'ai enfin tourné la page du manque de confiance, des angoisses : j'ai cessé de douter de moi, quelle libération ! » raconte la journaliste Françoise Laborde, qui fut longtemps présentatrice sur France 2 avant d'intégrer, de 2009 à 2015, le Conseil supérieur de l'audiovisuel (CSA). Sophie Kune, consultante, abonde dans ce sens : « Je me sens infiniment plus puissante qu'à 40 ans. Plus personne n'attend rien de moi, j'ai déjà réalisé une partie de ma vie et, désormais, je suis portée par une pulsion de réalisation très forte. La ménopause apporte aussi cela, et c'est merveilleux. Pourquoi est-ce que personne ne le dit aux jeunes filles ? »

Oui, pourquoi ? Autour de moi, rares sont les adolescentes et jeunes femmes qui ont entendu un discours particulièrement positif et réjouissant sur la fin des règles. Léa, elle, ne m'en a pas dit grand-chose. Un soir où, vers onze ou douze ans, je m'étonnais de trouver un paquet de serviettes hygiéniques taille XXL dans sa salle de bain, ma grand-mère s'est contentée de dire, dans un haussement d'épaule : « Ah non, ce n'est pas pour les règles : de ce côté-là, j'ai enfin la paix. Les fuites urinaires, par contre, c'est très emmerdant. »

Et si la vieillesse était queer ?

Ne pas courir après la sexualité et la séduction d'autrefois, se libérer des carcans en trouvant son chemin intérieur... Vieillir est un sacré travail. Presque aussi ardu que celui de grandir. Beaucoup de femmes confient que le plus surprenant, lorsqu'on prend de l'âge, est de se découvrir soudain capable de (se) penser hors cadres, loin des schémas classiques où l'on s'enferme trop facilement durant les premières décennies de la vie. De trouver une troisième voie, bien à elles.

Ce matin-là, tandis qu'elle sort du métro, l'écrivaine Darcey Steinke croit apercevoir un vieil homme élégant. Cette blonde longiligne aux cheveux courts cligne des paupières, se frotte les yeux, hésite un instant. Puis elle comprend : l'inconnu chic n'est autre que son propre reflet dans la vitrine d'une épicerie. Elle s'est prise pour un homme !

Sa méprise la déstabilise un instant, puis la fait sourire. Depuis quelque temps, elle ne se sent plus femme au sens traditionnel. Cela pourrait tenir à sa silhouette androgyne – mais elle est mince depuis des années, ce n'est pas une nouveauté –, ou bien aux bouleversements liés à la baisse des œstrogènes. Mais il y a autre chose. « Je suis entrée dans un étrange processus de "dégenration" [*ungendering*], et c'est probablement l'une des mutations les plus excitantes liées à la ménopause », explique-t-elle. Ce processus n'est pas subi. Il n'est pas imposé par l'extérieur : il vient du plus profond d'elle-même. Il rebat les cartes qu'elle imaginait jouées depuis longtemps.

Car voilà : puisque l'identité des femmes est socialement définie par la fécondité et la (possible) maternité, que se passe-t-il lorsque les deux appartiennent au passé ? Un espace des possibles s'entrouvre. Les règles d'autrefois se dissolvent. Un flou s'instaure. Et parfois, la ligne entre le masculin et le féminin bouge. Elle se déplace un tout petit peu, se trouble, voire explose. Le séisme est d'abord intérieur. Il est parfois temporaire, parfois durable. Certaines femmes en ont peur et le combattent. D'autres y voient l'opportunité d'expérimenter autre chose. D'étendre le domaine de leur personnalité et de leur « moi ».

C'est ce qu'a fait Darcey. Après l'expérience du reflet, elle a cessé de combattre cette part androgyne qui émergeait en elle. Mille questions ont soudain jailli, tel un feu d'artifice automnal : qu'est-ce qu'une femme ? est-elle définie uniquement par son sexe et par la biologie ? mais alors, que devient-elle quand les œstrogènes fichent le camp ? « J'ai soudain été bien moins intéressée par la définition très binaire, masculin ou féminin, de ce qui est sexy et de ce qui ne l'est pas », explique Darcey. Elle décrit son expérience comme une « transition ». Non pas vers le masculin, mais vers quelque chose d'un peu plus nuancé que le féminin pur.

Pour comprendre cette mutation, elle a lu les ouvrages de personnes changeant de sexe, notamment *The Testosterone Files*[13], de Max Wolf Valerio, où l'auteur décrit les effets de son traitement à la testostérone et de la baisse des

13 Max Wolf Valerio, *The Testosterone Files. My Hormonal and Social Transformation from Female to Male*, Seal Press, 2006.

œstrogènes. Sans s'identifier à lui, Darcey a trouvé, dit-elle, des conseils et témoignages plus subtils et précieux que les ramassis de clichés fleurissant dans certains livres sur la ménopause. Car la vieillesse redessine la ligne séparant le féminin du masculin : les corps ménopausés et les corps andropausés se ressemblent. Nous l'avons tous constaté chez nos parents, nos grands-parents, ou même nos oncles et tantes : ils convergent. Quelque chose dans le physique et dans la répartition traditionnelle des genres bascule, chez les femmes comme chez les hommes.

Et si, au fond, la vieillesse était queer ?

Queer, « étrange » en anglais : bizarre, pas dans la norme. En 1953, William S. Burroughs intitule ainsi le roman où il évoque son homosexualité. Longtemps utilisé comme une insulte homophobe, ce mot désigne aujourd'hui, de façon positive, les minorités de sexe et de genre hors des normes hétérosexuelles – et plus largement, selon les écoles, tout ce qui est follement extravagant.

En France, le terme est moins politisé qu'aux États-Unis. Pas loin d'être un mouvement esthétique, il évoque, pour faire court, tout ce qui transgresse et gomme la frontière entre les genres. N'est-ce pas précisément ce que vit Darcey ?

Elle n'est pas la seule, et ce n'est pas tout à fait nouveau. Sans utiliser le mot « queer », beaucoup ont déjà mis le doigt – souvent de façon négative, il est vrai – sur cette dégenration liée à la vieillesse. À commencer par Simone de Beauvoir : « On a dit parfois que les femmes âgées (après la ménopause) constituaient un "troisième sexe" et, en effet, elles ne sont pas des mâles mais ne sont plus des femelles ;

et souvent cette autonomie physiologique se traduit par une santé, un équilibre, une vigueur qu'elles ne possédaient pas auparavant », écrit-elle dans *Le Deuxième Sexe*.

Au début des années 1990, dans *La révolte du 3e âge*, Betty Friedan écrit : « L'absence, la disparition ou le "retrait" forcé de ces rôles sexuels rigides, distincts, adoptés dans la jeunesse et les années parentales, peuvent permettre l'émergence d'une complétude du troisième âge. » Beaucoup des femmes qu'elle a interrogées déclaraient explorer d'autres formes de relations intimes et interpersonnelles que la seule sexualité pénétrative, ce « McDo du sexe », comme la décrit la chroniqueuse spécialiste des sexualités Maïa Mazaurette. Elles expérimentaient des modalités et un rapport au corps souvent plus doux, plus tendres, dans la volupté, avec leur époux ou avec d'autres hommes ou femmes, dans leurs amitiés amoureuses, au-delà des frontières traditionnelles du sexe et du mariage.

« Il m'est arrivé d'avoir un orgasme juste en dînant avec quelqu'un, témoigne Macha Méril, 80 ans, dans *Télérama*[14]. Il faut cesser de réduire le sexe à la pénétration ou à la taille du pénis. C'est autre chose. Il est partout, dans la volupté que procure le soleil, dans le sport, dans la séduction, dans la cuisine... Il s'agit avant tout d'être branché sur l'autre, et pas forcément pendant l'acte sexuel. »

Jane Fonda juge elle aussi que la capacité d'abandonner la rigidité des modèles sexuels chez l'homme et la femme

14 Entretien avec Yasmine Youssi, « Je peux maintenant jouir de l'instrument que je suis devenue », *Télérama*, 7 octobre 2020.

durant le dernier tiers de la vie représente un pic de maturité. Elle ouvre la voie à l'autonomie et à une forme de communion plus intense : « Il semble naturel que les changements hormonaux liés au vieillissement, combinés au départ à la retraite de l'homme, conduisent à un nivellement des différences sexuelles. Et il est normal que l'équilibrage de ce qui était autrefois des modèles sexuels étroits et socialement proscrits conduise à plus d'intégrité, d'épanouissement et d'authenticité aussi bien chez l'homme que chez la femme. La plupart des femmes que j'ai interrogées ou dont j'ai lu les travaux ont fait l'expérience de ce "rééquilibrage des genres" avec des femmes regagnant virtuellement, avec l'âge, l'influence et la confiance en elles qui étaient les leurs avant l'adolescence. Si cette androgénisation représente le pic de maturité et de communion pour les deux sexes, pourquoi ne pas se battre pour cela ? »

Dans un couple hétérosexuel, plus l'homme s'accroche à son rôle de chef de famille ramenant l'argent, et plus sa compagne se fige dans son rôle de femme et, le cas échéant, de mère, plus vieillir sera difficile pour chacun d'eux. Car le rééquilibrage intervient également chez les hommes, et il est souvent plus douloureux. Pour ceux qui depuis le début de l'âge adulte se cramponnent à leur rôle de soutien à la famille et aux critères d'une carrière réussie, les alternatives au moment de la retraite peuvent sembler inexistantes, tandis que, bien souvent, les femmes s'épanouissent plus facilement autour de la vie associative, des amies ou des petits-enfants. « Tout au long de leur existence, les femmes ont bâti leur identité autour de deux ou trois pôles: le boulot, les enfants, les amis, détaille Rose-Marie Lagrave. Les hommes, encore aujourd'hui, se construisent beaucoup plus autour de leur emploi et du statut social qu'il apporte: lorsque tout s'arrête, c'est brutal.»

Les femmes sont en outre confrontées très tôt – intimement, du fait des cycles menstruels, et publiquement, par le regard social – à leur propre vieillissement. La ménopause s'impose à elles comme une transition vers l'âge qu'elles ne peuvent ignorer. Les hommes, eux, n'expérimentent pas une telle préparation. Le choc de la retraite n'en est souvent que plus rude.

Certains parviennent malgré tout à se retrouver et à s'épanouir en se consacrant à des activités auparavant considérées comme oisives, en accordant plus de place à la contemplation, au jardinage, à la lecture ou aux petits-enfants lorsqu'ils en ont, hors des jeux de pouvoir et d'argent. Dit autrement, en sortant de leur rôle d'autrefois pour explorer aussi leur «part féminine». Les qualités que les femmes et les hommes ont été contraints de réprimer afin de jouer un rôle normé peuvent désormais s'exprimer. C'est un soulagement pour celles et ceux qui le comprennent et l'expérimentent. «On redevient soi-même!» répond l'icône féministe Gloria Steinem à Annick Cojean[15] lorsque celle-ci lui demande comment, à 85 ans, elle vit son vieillissement. «Avec soulagement. Enfin débarrassée des contraintes im-

15 «Gloria Steinem: "En vieillissant, on se débarrasse enfin des contraintes imposées par notre genre" », *Le Monde*, 8 mars 2020.

posées par notre genre. Entre 12 et 60 ans, les hormones et les jeux de rôle assignés aux deux sexes faussent la donne. Les notions de "virilité" et de "féminité" sont des carcans qui avivent tensions et violences et restreignent nos talents. L'âge venant, le naturel reprend heureusement le dessus. »

Pour Betty Friedan, cette permutation, ce rapprochement des genres que je qualifie de queer, est l'ultime stade de l'intimité. Mais il est difficile à atteindre, car se libérer des normes de genre exige malgré tout une profonde réflexion et un grand travail sur soi. Les jeunes générations, pour qui les rôles sexuels sont à première vue moins rigides, y parviendront peut-être avant leur retraite.

Nos muses aux cheveux blancs

Il est un peu plus de midi lorsque je rejoins Michèle Agniel et son amie, la photographe Marie Rameau, dans un restaurant de Montreuil. « On commence par un apéro : whisky ! » lance Michèle, les yeux pétillants de malice. Elle a plus de 90 ans. Je l'ai rencontrée dans le cadre d'une enquête sur mon arrière-grand-tante, la peintre Yo Laur[16]. Michèle et elle étaient dans le même convoi pour le camp de concentration de Ravensbrück, le dernier à partir de Paris le 15 août 1944.

Elle m'a longuement raconté son engagement dans la Résistance, à 14 ans, ce trajet en train et l'enfer qui a suivi. Longtemps, Michèle a tu son expérience, car dans l'immédiat après-guerre, beaucoup, comme elles, pensaient

16 *Je suis ici pour vaincre la nuit*, Fleuve Éditions, 2017.

que personne ne voudrait les entendre. Il s'agissait de tourner la page. De reconstruire. La France glorifiait ses héros résistants, mais elle ignorait encore, trop largement, l'horreur vécue par ceux rentrés des camps.

L'émergence du discours négationniste dans les années 1980, insupportable pour les survivants, a convaincu Michèle Agniel de prendre la parole. Tout, chez elle, m'impressionne et me sidère. Les mots sont trop faibles pour résumer sa force, son indépendance, son humour. La vigueur avec laquelle elle se fiche de ce que l'on peut penser d'une vieille dame sirotant un whisky au milieu de la journée.

Des femmes comme elles, il y en a beaucoup à l'Amicale de Ravensbrück, parmi les rares rescapées encore vivantes, à l'instar de Marie-José Chombart de Lauwe, de qui se dégage toujours la même force morale malgré son corps frêle et ses yeux presque aveugles. Leurs filles se battent elles aussi pour que l'histoire des déportées politiques françaises ne soit pas engloutie dans le grand bain mémoriel de la Seconde Guerre mondiale. Je les ai rencontrées pour en apprendre plus sur Yo Laur, mais pas seulement.

Toujours, depuis la mort de ma grand-mère Léa, je cherche la compagnie d'aînées inspirantes, créatrices, un peu dingues, farouchement libres. Toujours ou presque, dans mes romans s'invitent de vieilles femmes solides comme un roc, battantes, fières. Insubmersibles. Elles sont mes muses. Mes héroïnes. J'aspire à leur ressembler. Je veux hurler dans un grand cri de joie, comme Brigitte Fontaine, « j'irai pas me coucher, j'irai pas, j'irai pas » !

Si elles restent sous-représentées dans le monde de l'art, les femmes mûres y montent en puissance depuis quelques décennies. Elles sont les pionnières. Les vibrionnantes. Plusieurs d'entre elles montrent que la vieillesse n'est pas le naufrage dont parlait de Gaulle. Qu'elle peut aussi être indocile, déraisonnable, se muer en espace de réflexion sur la société. En bulle de subversion et de révolte : une liberté dans et par l'acte de créer.

Agnès Varda, jusqu'à sa mort en 2019, à 90 ans, filmait, montait des projets avec de jeunes artistes, comme JR, poursuivant son chemin. Unique. Donnant le sentiment qu'elle promènerait longtemps encore sa silhouette de Calimero bicolore sur les plages d'ici et d'ailleurs. « Elle dégageait une fantaisie s'exprimant dans sa création, observe l'écrivaine Évelyne Bloch-Dano, l'une de ses admiratrices. Elle illustre une vérité : tant que l'on est dans la création, on est jeune. Créer est une manière d'être soi en faisant fi de l'image. Agnès Varda a créé son propre personnage : elle était un exemple de ce que l'on peut faire avec l'âge, et non malgré lui. »

Il y a Jane Fonda, aussi. Toujours aussi engagée politiquement que dans les années 1970, luttant contre la réélection de Donald Trump, pour les droits civiques et pour la défense du climat. En octobre 2020, avec un sens de l'autodérision plutôt culotté, elle a ressorti le body avec lequel elle donnait des leçons d'aérobic il y a quarante ans pour réaliser un clip : accompagnée d'autres personnalités, elle appelait les Américains à se bouger pour exercer leur droit de vote.

Il y a Louise Bourgeois, bien sûr. Ses sculptures magistrales interrogent le corps, la féminité, la psyché. Son talent fut reconnu sur le tard. Elle exposa jusqu'à sa fin, à 98 ans, tout comme Niki de Saint Phalle, qui questionna elle aussi le corps féminin, avec ses célèbres *Nanas*.

Autour de moi, les amies de ma génération citent également Annie Ernaux, Christiane Taubira, Joan Baez, Marianne Faithfull, Patti Smith.

Qu'ont en commun ces femmes ? Une puissance. Une force, une indépendance, une folie tranquille qui, au-delà des genres, inspire, éblouit, attise. Une capacité à être dans l'instant. À s'imposer sans imposer. À faire trembler les fondations. À aimer les autres plus qu'à les craindre. À incarner l'insoumission l'air de rien, sans avoir à le clamer partout haut et fort, ni à sortir les grosses caisses. Ces femmes-là donnent envie de vieillir. Lorsqu'on les regarde, l'âge importe peu. Sur leur peau, chaque ride est comme une inspiration, leur expérience est synonyme d'énergie joyeuse, parce qu'elles sont dans la vivance.

6. LA SORORITÉ PERDUE

Contrairement à une opinion répandue, la vieillesse est l'âge des découvertes.
Benoîte Groult, *La Touche étoile*, 2006

La vieillesse, un grand impensé du féminisme

Lors des recherches pour cet ouvrage, une question s'est rapidement imposée : qu'ont fait les féministes, notamment celles de la deuxième vague, pour leurs aînées ? Se sont-elles battues pour leur assurer des conditions de vie décentes, en particulier à celles qui ont vécu dans la dépendance d'un homme une grande partie de leur vie ? Ou à tout le moins, pour qu'elles bénéficient des mêmes droits que les jeunes femmes ? Comment ont-elles croisé féminisme et âgisme ? Était-ce un objet de leurs luttes ? La réponse est un peu décevante, en particulier en France. À part Simone de Beauvoir, les féministes françaises se sont très peu emparées du sujet.

Il y avait pourtant un certain nombre de têtes grises dans le premier mouvement du féminisme. Celui des ouvrières et des suffragettes qui, à la fin du XIXe et au début du XXe siècle, ont lutté pour obtenir le droit de vote et l'égalité juridique.

On en comptait moins dans les années 1960 et 1970, lorsque la bataille pour la contraception et l'avortement prend place : le privé devient politique, le manifeste des 343 et le MLF secouent les mœurs et la société. Les années

1980 et 1990 voient arriver la troisième vague du féminisme aux États-Unis : celle en faveur de l'intersectionnalisme et la visibilisation de minorités ethniques et culturelles, des lesbiennes, des travailleuses du sexe, des transgenres. Les questions de genre et la théorie queer émergent, les activistes s'attaquent à la binarité, dans un élan hétéroclite et protéiforme.

La quatrième vague féministe (certains estiment plutôt qu'il s'agit de la suite de la troisième vague, désormais plus unifiée) est née au mitan des années 2010, puis a pris son essor dans la foulée de l'affaire Weinstein et du mouvement #MeToo. Elle utilise les réseaux sociaux. Elle dénonce les violences conjugales, le harcèlement de rue et le sexisme banalisé dans son ensemble.

Et les vieilles, dans tout ça ? Aux États-Unis, Barbara Macdonald puis Cynthia Rich ont travaillé sur les liens entre féminisme et âgisme dès les années 1970, suivies par nombre d'autrices, comme Betty Friedan. Barbara Macdonald estimait que l'âgisme était une question centrale du féminisme : la révulsion des jeunes femmes pour le corps des vieilles, la peur de leur ressembler sont le fruit des normes diffusées par une société de consommation sexiste survalorisant la jeunesse et la nouveauté. En somme, la hiérarchisation entre les jeunes femmes objets de désir et les ménopausées mises au ban serait aussi une manifestation de la domination masculine et consumériste.

S'ajoute à cela la conception patriarcale de la famille, où la mère est au service des enfants. Par extension, explique Barbara Macdonald, les femmes mûres sont censées être au service des plus jeunes, et donc d'à peu près tout le monde. « Laissez-moi vous le dire clairement, a-t-elle déclaré un jour devant une audience féministe. Nous ne sommes ni vos grands-mères, ni vos mères, ni vos tantes. » De leur côté, nombre de militantes de l'époque, dans leur vingtaine, rejetaient les quadras et quinquas qui, dans l'immédiat après-guerre, s'étaient sagement pliées au rôle de la bonne ménagère dominant dans les années 1950.

En France, seules Benoîte Groult et Thérèse Clerc, mortes toutes les deux en 2016, ont véritablement développé une pensée féministe sur le sujet dans les années 2000. Elles sont pourtant issues de milieux très différents.

Née en 1920, fille d'un styliste de meubles et d'une dessinatrice de mode, Benoîte Groult devient journaliste (*Elle, Marie-Claire...*) et publie des romans et essais dont certains sont rapidement des best-sellers. Dans *Ainsi soit-elle*, paru en 1975 et dont les ventes ont dépassé le million d'exemplaires, elle raconte sa conversion au féminisme et dresse un état des lieux de la recherche sur l'inégalité des sexes. Également mère de trois enfants, elle milite pour les droits des femmes. En 1986, elle publie pour la première fois l'intégralité de la *Déclaration des droits de la femme et de la citoyenne* écrite par Olympe de Gouges en 1791. Les ouvrages de Benoîte Groult, tels que *La Touche étoile*, abordent aussi le vieillissement féminin. Dans le monde littéraire et journalistique, elle vit l'avancée en âge comme un stigmate et ne cache pas avoir cédé à la tentation du lifting. Membre de l'Association pour le droit à mourir dans la dignité (ADMD), elle tisse des liens entre les luttes féministes pour le droit à la libre disposition du corps et le droit à l'euthanasie.

Thérèse Clerc, elle, naît en 1927 dans une famille petite-bourgeoise et pratiquante. Mère de quatre enfants, elle est femme au foyer avant de devenir vendeuse dans un grand magasin et militante féministe. Après son divorce, elle s'installe dans un appartement de Montreuil, où elle pratique des avortements clandestins. En 2007, elle fonde la maison des Babayagas, une résidence autogérée pour femmes âgées, toujours à Montreuil. Elle se bat pour la reconnaissance de la sexualité des vieux et la fin des tabous autour de leurs corps.

Benoîte Groult s'attache surtout à décrire son vieillissement et les discriminations qu'il engendre, tandis que Thérèse Clerc dénonce de façon plus politique l'âgisme innervant l'ensemble de la société. Malgré leurs différences, toutes deux ont en commun d'avoir évoqué le poids des charges domestiques pesant sur les femmes, la peur des grossesses non désirées, le discrédit accablant l'âge et, surtout, la façon dont on peut réinventer son rapport au monde pour jouir de l'existence et du corps jusqu'au bout.

Après elles, quelques initiatives locales et une poignée de « panthères grises » ont émergé en France, mais le mouvement n'a jamais pris l'ampleur des Grey Panthers, le réseau fondé dans les années 1970 aux États-Unis par Maggie Kuhn, afin de lutter contre l'âgisme. Pourquoi les féministes françaises sont-elles restées relativement silencieuses sur le sujet ? Pourquoi n'en ont-elles pas fait un objet politique ? « Je suis typique de la génération de féministes des années 1970 qui a rejeté la question de l'âge, pour qui ce n'était pas le problème premier », reconnaît Michelle Perrot. Les militantes du MLF et les autres étaient jeunes, rebelles, elles désiraient briser les tabous, franchir les frontières. Elles se battaient pour la liberté du corps, le droit à l'avortement. « Oui, nous étions dans la conquête : ça n'aide pas à formaliser une réflexion sur le vieillissement. Nous ne l'avons pas théorisé. »

Rose-Marie Lagrave étaye d'autres explications dans ses écrits. Occupées à faire leurs preuves dans le monde politique et professionnel où elles entraient enfin, nombre de militantes ne se sont pas vues vieillir. Ou bien, novices à ces postes, elles se sont laissé dominer par le sentiment de « nouveauté sociale », selon l'expression de Rose-Marie Lagrave, éclipsant celui de l'âge. À vrai dire, s'engager sur le sujet aurait été, au fond, en contradiction avec leurs combats. Dans les années 1970, elles ont lutté pour « débiologiser » les phénomènes sociaux, comme le résume la fameuse phrase de Simone de Beauvoir : « On ne naît pas femme, on le devient. » « Or, la vieillesse est justement le moment où le biologique se rappelle cruellement au corps et à la pensée, explique Rose-Marie Lagrave. Comment penser simultanément la construction sociale des corps et les signes biologiques de la mort ? Comment sortir de ce dilemme, ou plutôt comment le résoudre dans une optique féministe qui ne cède toutefois jamais sur le terrain de la dénaturalisation des âges ? »

Camille Froidevaux-Metterie met elle aussi le doigt sur ce problème dans son ouvrage sur le corps des femmes[1].

1 Camille Froidevaux-Metterie, *Le corps des femmes. La bataille de l'intime*, Philosophie Magazine Éditeur, 2018.

Pendant des décennies, les féministes ont eu du mal à s'intéresser au corps, car « la dimension incarnée et sexuée de l'existence féminine a été interprétée au prisme de l'aliénation ». Considérer les choses autrement était d'ailleurs jugé suspect, pour ne pas dire réac. « S'intéresser aux modalités corporelles des femmes, ne serait-ce pas chercher à définir une essence féminine version scientifique de l'éternel féminin ? Ne s'agirait-il pas de réactiver les ressorts de la hiérarchisation sexuée en réassignant les femmes à leur ancien statut mineur et privé ? »

Sans sombrer dans un tel écueil, il est certain que le vieillissement ramène au corps. Prendre de l'âge, c'est affronter des problématiques que le seul intellect ne peut résoudre, dont certaines sont propres aux corps féminins.

Depuis quinze ans, les « études de l'âge » (*age studies*) se développent dans le monde anglo-saxon. Renouvelant la réflexion sur le sujet, elles commencent à débarquer en France. De plus en plus d'ouvrages universitaires ou grand public, dont un certain nombre cités au fil de ces pages, évoquent également le vieillissement au cinéma, dans les médias, dans la littérature, abordant parfois la ménopause et la sexualité.

De même, les romans et récits de baby-boomeuses approchant de la retraite et désirant investir le sujet se multiplient, même si ce n'est pas tout à fait nouveau. Étrangement, si elles n'ont pas théorisé la vieillesse, les féministes des années 1970 et nombre d'écrivaines ont plutôt investi la fiction romanesque pour l'évoquer. À l'exemple d'Annie Ernaux qui, dans *« Je ne suis pas sortie de ma nuit »*, livre un portrait douloureux de sa mère dévorée par Alzheimer, tandis qu'elle raconte dans *Se perdre* sa liaison, à 48 ans, avec un homme plus jeune. On pourrait également citer Hélène Cixous, qui écrit sur le vieillissement de sa mère, Eve Klein, dans *Ève s'évade*, ou encore Régine Detambel, Alice Ferney et, à l'étranger, Doris Lessing ou Nuala O'Faolain. Quant à Benoîte Groult et Simone de Beauvoir, elles ont également évoqué l'avancée en âge dans leurs romans.

Plus récemment, Laure Adler a publié sur le sujet *La Voyageuse de nuit*, un essai poétique ; Nathalie Azoulai a imaginé dans *Juvenia*, déjà évoqué, un monde où les couples ayant plus de vingt ans d'écart seraient décrétés hors-la-loi ; la mannequin senior Sylviane Degunst raconte dans *Moi, vieille et jolie* son expérience de modèle aux cheveux blancs à Londres, tandis qu'en France son père se meurt et sa mère s'épuise ; Isabelle de Courtivron parle du basculement dans la vieillesse dans *L'été où je suis devenue vieille*...

Objet littéraire, l'âge des femmes sort de l'ombre. Mais le chemin vers la lumière est encore long. Et les écueils possibles sont nombreux, notamment parce que l'allongement de la vie comme la rébellion des baby-boomeuses contre la vieillesse bousculent l'ordre des générations de façon spectaculaire.

L'étrange gémellité façon Comptoir des Cotonniers

Qui est la mère ? Qui est la fille ? Est-il normal que la mère paraisse plus jeune que la fille ? Les filles ont-elles vraiment envie de ressembler à leur mère ? Pourquoi les mères voudraient-elles à ce point être le double de leur fille ?

Ces dernières années, la marque Comptoir des Cotonniers s'est notamment fait connaître avec une campagne de pub mettant en scène des couples mère-fille, vêtues dans le même esprit. Aussi branchée et jolie l'une que l'autre, presque interchangeables : comme des sœurs. Un étrange mimétisme, quelque peu déconcertant car difficile, devant ces paires, de ne pas se demander qui est la plus jeune, qui est la plus belle, qui surpasse l'autre. « Rien de plus pathétique que la femme mûre qui désire un corps qui n'existe pas, celui de sa fille par exemple, mais en mieux », assène sans ambages dans *Vieillir, dit-elle*[2] Martine Boyer-Weinmann, professeure de littérature française contemporaine à l'université Lumière-Lyon 2. « Un fantasme puissant (la vieille bimbo) sur fond de désir mimétique que le créateur de mode Comptoir des Cotonniers a intelligemment transformé en success story avec sa marque de vêtements sobres "égalisateurs d'âge". » Martine Boyer-Weinmann note également que sur les photos « les mères bobos [...] sont curieusement souvent plus sexy que leurs filles. Cette irénisation de la relation mère-fille autour d'une gémellité de type "adolescence mature" semble toutefois masquer les conditions sociales favorables qui sous-tendent le marché de la clientèle-cible. »

S'il arrive que ma propre mère me donne un jean qui ne lui va plus, je n'ai jamais eu envie de m'habiller comme elle. Et certainement pas qu'elle s'habille comme moi. Cela, pas uniquement parce que nous n'avons pas le même âge, mais parce que nous sommes deux individualités distinctes, aux histoires et expériences différentes. Notre allure, nos

2 Martine Boyer-Weinmann, *Vieillir, dit-elle. Une anthropologie littéraire de l'âge*, Champ Vallon, 2013.

vêtements illustrent ces trajectoires singulières : pourquoi vouloir qu'ils se ressemblent ?

Sandrine, 33 ans, n'a jamais réussi à faire entendre cet argument à sa mère, Véronique, âgée de 52 ans. Lorsqu'elle était adolescente, celle-ci achetait souvent vestes, chaussures et robes en double. « Elle adorait que nous nous promenions habillées de la même façon ou presque, se souvient Sandrine. Au lycée, quand j'avais dix-sept ans, elle disait : "Tu crois qu'on nous prend pour des sœurs ?" Cela l'obsédait. Elle m'a eue très jeune, à 19 ans, alors oui, nous aurions presque pu être des sœurs. J'ai toujours eu le sentiment que m'avoir eue très tôt l'avait empêchée de vivre pleinement sa jeunesse et que, du coup, elle vivait celle-ci une seconde fois à travers moi. Mes copines la trouvaient géniale, elles disaient : "Véronique, c'est comme ta meilleure amie." Oui, elle était comme une amie. Mais j'avais surtout le sentiment de ne pas avoir de mère. » Aujourd'hui, Sandrine ne voit plus tellement Véronique – elle a préféré s'en éloigner. Elle passe bien plus de temps avec sa grand-mère, Geneviève. « Lorsque ma vie dérape, c'est elle que je vais voir pour recueillir conseils et réconfort. Ceux que j'aurais aimés recevoir de ma mère », conclut-elle.

Être la meilleure amie de sa fille. Sortir avec ses copains. Partager les mêmes vêtements. « Pourquoi pas, bien sûr, tant que cela ne devient pas caricatural et que chacune se souvient de sa place », dit Émilie, 23 ans. Elle aussi a une mère-copine, Patricia, 49 ans. Régulièrement, elle se sent dans l'obligation de lui rappeler les limites. De lui expliquer qu'elle n'apprécie pas toujours qu'elle s'invite sans prévenir à ses apéros. « C'est horrible : elle me fait passer pour la chieuse qui rouspète, comme si j'étais la plus vieille des deux, raconte-t-elle. Nous sommes très proches, très liées : c'est merveilleux et précieux, je mesure ma chance. Mais parfois, elle m'étouffe. Et je n'aime pas qu'elle copie mes fringues : je me sens dépossédée, comme si je n'avais plus rien à moi. Je ne lui demande pas de s'habiller comme une grand-mère, mais de ne pas taper dans ma garde-robe. »

En 2020, pour ses 25 ans, Comptoir des Cotonniers a adopté une nouvelle campagne publicitaire mettant en scène trois femmes « d'âges et d'origines divers », mais de silhouette identique, censées incarner le « nous féminin ». Sur son site, la marque explique : « Il n'y a plus ni couleurs de peau ni religions, ni morphologies ni âges ; il n'y a que des femmes, libérées des clichés sur la féminité et sur la mode. Plus que jamais, elles prennent leur destin en mains et s'imaginent en collectif : elles disent et nous disons : nous. »

À première vue, ces phrases sonnent comme un merveilleux slogan en faveur de la sororité intergénérationnelle. Mais est-ce vraiment le cas ? Que les quinquas s'habillent comme les trentenaires, pourquoi pas. « Mais qu'elles entrent en rivalité avec leurs filles, ce n'est pas terrible : comment, dans ce cas, ces dernières pourront-elles trouver leur place ? » s'interroge Brigitte Lahaie.

Il est vrai qu'une telle rivalité reste sans doute marginale, et qu'il vaut mieux avoir une mère-sœur qu'une mère absente. Il est également vrai que les vingt-trentenaires entrent parfois en concurrence avec leurs aînées, lorsque les conjoints des secondes claquent la porte pour refaire leur vie avec les premières. Comme à tous les moments charnières, il se joue néanmoins quelque chose de nouveau et paradoxal sur le sujet. Il n'est pas question de pointer du doigt les femmes qui s'efforcent de paraître vingt ans de moins, ni de pleurer sur le sort des trentenaires déboussolées face à leur mère restée bloquée dans l'adolescence, mais plutôt de souligner comment la pression parfois contradictoire des normes et leur évolution produit, aussi, des dommages collatéraux. En cédant à l'injonction du « rester jeune », en refusant de plus en plus haut et fort le déclassement subi autrefois par leurs mères (souvent toujours en vie), les quinquas et sexagénaires d'aujourd'hui commencent à occuper une place nouvelle, mouvante, encore en définition ; ni celle de leurs aînées au même âge, ni celle de leurs filles.

Cette quête, la redéfinition des places de chacune se jouant ici, est excitante et riche en promesses. Mais balayer le décalage des générations au motif de rendre les femmes mûres visibles, comme le font certaines marques, n'a aucun sens lorsque cela sert uniquement le marketing du politiquement correct. C'est en outre prendre le risque de sacrifier, au passage, la plus formidable opportunité qu'offre aussi l'allongement de l'espérance de vie et le vieillissement en bonne santé : la transmission.

La dangereuse fausse guerre des générations

Depuis quelques années, la « guerre des générations » est régulièrement mise en exergue par les médias. Elle fait couler de l'encre chaque fois qu'un événement plus ou moins anecdotique est censé l'illustrer. Exemple : le 5 novembre 2019, la députée néo-zélandaise Chlöe

Swarbrick, 25 ans, défend la lutte contre le réchauffement climatique devant ses pairs. Lorsqu'un collègue plus âgé la hue, elle le rembarre d'un cinglant «*OK boomer*». Déjà en vogue aux États-Unis, cette expression, que l'on pourrait traduire par «Cause toujours, baby-boomer», se propage un peu plus encore sur les réseaux sociaux, brandie par les jeunes générations contre les boomers (nés entre 1946 et 1964) chaque fois que l'un d'eux témoigne d'une attitude jugée condescendante, en particulier sur les questions liées au climat.

Sur Twitter, Facebook, Instagram, TikTok, l'expression fuse pour blâmer les aînés donneurs de leçons, décrits comme des gâtés des Trente Glorieuses ayant tiré profit d'un système désormais exsangue. Et qui, par leur égoïsme, ont hypothéqué l'avenir d'une planète qu'ils laissent en triste état à leurs enfants et petits-enfants. Greta Thunberg et les moins de 25 ans vont se coltiner les catastrophes climatiques, la fonte des glaces, les contrats précaires et l'explosion des inégalités. «"OK boomer" marque la fin des relations amicales entre générations», titre le *New York Times* en octobre 2019[3].

Il est vrai que les chiffres ne sont guère réjouissants: en Europe, les plus de 65 ans sont déjà plus nombreux que les moins de 17 ans (20,8% contre 18,8%). Or plus l'électeur moyen vieillit, plus les politiques publiques de nos pays se tournent vers les besoins des vieux. Ce qui signifie, si l'on schématise, moins d'investissements

3 Taylor Lorenz, « "OK boomer" marks the end of friendly generational relations», *The New York Times*, 29 octobre 2019.

dans les infrastructures dédiées aux jeunes (accueil de la petite enfance, écoles, universités...), le délaissement des innovations, ou encore une fiscalité privilégiant l'épargne et le pouvoir d'achat des seniors au détriment de celui des jeunes actifs.

Pourtant, le médiatique « OK boomer » exprime aussi, et surtout, l'exaspération face aux élites politiques et économiques. Lorsqu'on creuse un peu, le conflit de générations tel qu'il est décrit dans les médias ne correspond pas complètement à la réalité ni au vécu du corps social. Dans un ouvrage sur le sujet[4], le sociologue Serge Guérin et le philosophe Pierre-Henri Tavoillot rappellent d'ailleurs que l'opposition entre moins de 20 ans et plus de 50 ans a, dans une certaine mesure, toujours existé. Elle était même déjà présente dans le Livre de Job ou dans *La République* de Platon ! Il y a quarante ans, les baby-boomers eux-mêmes considéraient leurs aînés comme des vieux cons. Pour autant, les solidarités intergénérationnelles sont aujourd'hui très fortes, mais font beaucoup moins la une des journaux.

Sans nier la possible conflictualité entre jeunes et vieux, Serge Guérin et Pierre-Henri Tavoillot soulignent qu'il ne s'agit probablement pas de la grille de lecture globale de la société la plus pertinente – celle opposant gagnants et perdants de la mondialisation est sans doute plus juste, par exemple. À peu près tous les derniers sondages et enquêtes Ipsos ou BVA sur le sujet confirment que les moins de 18 ans

4 Serge Guérin, Pierre-Henri Tavoillot, *La guerre des générations aura-t-elle lieu ?*, Calmann-Lévy, 2017.

comme les plus de 50 ans sont très attachés à l'entraide au sein de la famille et entre les âges. Celle-ci s'exprime notamment dans le monde associatif, qui tourne largement grâce aux seniors.

En outre, ces derniers ne conservent pas (uniquement) leurs économies pour s'offrir du bon temps au Club Med : ils soutiennent financièrement leurs enfants et petits-enfants lorsqu'ils en ont. Leur aide se matérialise aussi au quotidien avec la garde des plus jeunes après l'école ou pendant les vacances. En somme, la supposée « guerre des générations » est un concept simplificateur et un peu cliché, jugent Tavoillot et Guérin. Et si, au fond, elle dissimulait des problèmes bien plus graves, tels que le creusement des inégalités ou le phénomène des travailleurs pauvres ? Et si elle évitait d'évoquer les véritables oppositions, bien plus inquiétantes, innervant notre société – culturelles, géographiques, sociales, religieuses ?

Citée dans les travaux de Juliette Rennes[5], la poétesse et militante féministe américaine Audre Lorde (1934-1992) écrit : « Le "fossé des générations" est un outil de toute société répressive. Si les jeunes membres d'une communauté considèrent les plus âgés comme méprisables, suspects ou superflus, ils ne pourront jamais se donner la main et examiner les souvenirs vivants de la communauté, ni poser la question importante : "Pourquoi ?" Cette amnésie historique nous conduit constamment à réinventer la roue. »

Or, dans cette amnésie collective, les femmes sont

---

5 « Explorations féministes de l'avancée en âge », *La Revue des Droits de l'Homme*, n° 17, 2020.

les grandes perdantes. Car sans dialogue entre filles et mères, entre petites-filles et grands-mères, elles sont dans l'incapacité de faire front commun. Désunies, elles ne sont pas en mesure d'exprimer leur incroyable force.

L'effacement de la transmission et ce que les plus jeunes (comme la société) y ont perdu

Durant ma grossesse, une vague de mots inconnus et inquiétants ont déferlé sur mon quotidien : colostrum, méconium, turbulette, gigoteuse, chancelière… Un tsunami d'interrogations, aussi. De craintes. Pourquoi mettre une personne de plus sur une terre sombrant dans le chaos du changement climatique ? Comment assumer une telle folie ? Que transmettre à l'enfant ? Comment accepter les changements liés à sa mise au monde – en commençant par reconnaître que l'on a un corps, que l'on ne se résume pas à un intellect pur et que, oui, les hormones peuvent dicter leur loi à la chair ? Comment admettre que ces mutations que l'on imaginait abominables et aliénantes se révèlent en fait agréables, loin du traumatisme vécu par certaines ? Donner la vie signifie-t-il renoncer à la liberté et céder aux schémas classiques, se vautrer dans un moule que l'on a jusqu'ici rejeté avec vigueur ? Et puis, comment aimer/laver/nourrir/soigner/moucher/changer/nettoyer/bercer/accompagner/choyer/dorloter cette créature inconnue s'apprêtant à jaillir de soi ?

Comme beaucoup de femmes, je me suis sentie démunie face à la grossesse et la perspective de devenir mère. Tant de questions et de doutes. Pour les éponger, j'ai fait comme tout le monde : je suis allée chercher des réponses sur Internet.

Après avoir exploré tous les sites détaillant par le menu les plus horribles complications susceptibles de se produire au cours d'une grossesse, j'ai épluché ceux regorgeant de conseils plus ou moins stéréotypés sur le sujet. J'ai dévoré des dizaines de livres : ceux d'écrivaines devenues mères s'épanchant sur le rejet du nourrisson et l'explosion du couple dans le sillage de la naissance ; ceux détaillant l'aliénation de la maternité, le cauchemar quotidien des couches et de la rééducation périnéale. J'ai interrogé en longueur la jeune sage-femme qui me suivait et étudié les fiches médicales en ligne dont elle me conseillait la lecture.

Puis je me suis tournée vers des amies déjà mères afin de profiter de leur expérience : qu'est-ce que les lochies ? Peut-on marcher après une césarienne ? Peut-on casser la gueule d'un médecin pratiquant une épisiotomie non désirée ? Quelles huiles pour éviter les vergetures ? Quelle crème contre les érythèmes fessiers ? A-t-on vraiment besoin d'emporter à la maternité une valise bourrée de 142 bodys, gilets, serviettes, affaires de naissance ?

En bonne journaliste, j'ai posé beaucoup de questions, à beaucoup de monde. Mais aussi curieux que cela puisse paraître, à aucun moment il ne m'est venu à l'esprit de solliciter vraiment ma propre mère. À aucun moment, ou si peu, je n'ai demandé l'avis de mes tantes. Il n'y a pourtant aucun froid entre nous. Aucune distance. Alors pourquoi ?

Qu'en est-il des autres femmes de mon âge ? Certaines sont proches de leur mère et ont vécu cette expérience en symbiose avec elle. Mais beaucoup ont aussi, comme moi, pris conseil ailleurs, n'ont guère évoqué les choses du corps avec leur mère, ou alors de manière superficielle.

C'est encore plus vrai pour les générations précédentes, et pas seulement à propos de la grossesse. « Il y a trop peu de transmission mère-fille sur la ménopause, pas de récit, pas de parole sur le sujet, ce qui laisse beaucoup de femmes dans un grand désarroi : elles se retrouvent très seules face au discours médicalisé », constate Sophie Dancourt, du média J'ai piscine avec Simone. « Ma mère ne m'a jamais parlé du sujet, abonde Darcey Steinke. Avec le recul, je me rappelle l'avoir vue souffrir de bouffées de chaleur, mais elle n'en parlait pas : il n'y avait pas de parole, à cause de la honte. »

Nous y voilà : encore et toujours la honte du corps féminin. Ses humeurs, ses débordements, ses supposées outrances. Ne pas dire, cacher, taire. Faire comme si tout allait bien, serrer les dents parce qu'après tout, lorsque l'on est une femme active, engagée, multitâches, forte, on est au-dessus de cela : les choses du corps. On est indépendante, on ne doit rien à personne, et sûrement pas à une aînée.

« Je suis comme toi, je ne parle pas de ces choses-là à ma mère, me confie Julie, une trentenaire rencontrée lors des cours de préparation à l'accouchement. Pas par pudeur, mais parce que depuis son accouchement à elle, la médecine a évolué. Tout ce qu'on lui racontait à l'époque sur la grossesse et l'allaitement est périmé aujourd'hui, mais elle refuse de l'entendre et se braque quand je lui explique. Pareil avec ma grand-mère : tout ce qu'elle raconte est daté. Elles me donnent des leçons, le dialogue est impossible. Alors je préfère parler à la gynéco. »

Il y a, dans les propos de Julie, une étrange confusion entre, d'une part, l'expérience intime d'une mère sur la grossesse et, d'autre part, les connaissances médicales dernier cri. Périmé, le vécu de la mère de Julie ? Daté, celui de sa grand-mère ? Pourquoi ce savoir-là n'est-il pas davantage valorisé ? Pourquoi, sur le corps des femmes, la parole des gynécos ou les conseils fleurissant sur Internet seraient-ils plus valables et pertinents que l'expérience de nos aînées ?

Peut-être parce qu'« on est passé d'une société de la transmission à une société de consommation. Aujourd'hui, ce qu'on nomme le savoir n'a plus guère de sens », écrit Laure Adler[6]. « Plus largement, ce qui semble rédhibitoire dans l'âge d'une femme, c'est l'expérience. C'est ce qui a valu le bûcher à tant de vieillardes », soutient Mona Chollet dans son ouvrage sur les sorcières. L'expérience des femmes âgées est encore largement disqualifiée, tournée en dérision, bien plus que celle des hommes. C'est d'ailleurs en partie pour cela que les cheveux blancs sont synonymes de savoir et parfois de séduction chez ces derniers, tandis qu'ils sont trop souvent considérés comme un signe de laisser-aller et de déchéance chez les vieilles.

Déniée, l'expérience des femmes, parce qu'elle est immense, précieuse, menaçante, dans une société longtemps régie par les règles des hommes. Menaçante, oui : c'est bien pour cela que les sorcières ont brûlé sur les bûchers. Parce qu'elles cultivaient cette liberté, ce minuscule espace à elles, dans le secret de leur jardin, de leur cuisine, ce tout petit univers échappant aux époux, aux enfants, aux règles du monde. Même pas de la magie, encore moins du vaudou diabolique : juste un peu de liberté.

---

6 *La Voyageuse de nuit*, *op. cit.*

Cela fait bien longtemps que l'on ne brûle plus les sorcières, mais le savoir des femmes n'a pas vraiment retrouvé sa place, et cela s'exprime aussi dans la course à l'éternelle jeunesse, l'effacement des rides, le lissage du corps. « La disqualification de l'expérience des femmes représente une perte et une mutilation immenses. Les inciter à changer le moins possible, à censurer les signes de leur évolution, c'est les enfermer dans une logique débilitante », ajoute Mona Chollet. Dans ces conditions, la transmission entre les femmes est largement entravée. Pas impossible, mais limitée. Amenuisée, affaiblie, dévalorisée, car c'est bien cela qui est en jeu : la perte de force, individuelle et collective.

Depuis quelque temps, une autre musique se fait pourtant entendre. Vacillante, encore masquée par les éclaboussures d'une colère saine, mais de plus en plus vive : les femmes désirent, recherchent, appellent la transmission des savoirs entre elles. Cette quête est fragile. Elle n'est pas toujours formulée ainsi. Elle entre en concurrence avec d'autres, moins intergénérationnelles, au sein des féminismes d'aujourd'hui. Elle se manifeste néanmoins dans le renouveau de l'intérêt autour des sorcières et de l'écoféminisme. Revenir aux racines, à la nature, à la Terre mère, n'est-ce pas recréer le lien détruit entre les générations de femmes ?

« Ce n'est pas un hasard si les vieilles forêts et les vieilles femmes sont tenues pour des ressources négligeables, écrivait déjà Clarissa Pinkola Estés[7] il y a près de trente ans.

---

7 *Femmes qui courent avec les loups. Histoires et mythes de l'archétype*

Ce n'est pas un hasard si les étendues sauvages de notre planète disparaissent en même temps que la compréhension de notre nature sauvage profonde s'amoindrit. » Ce n'est pas un hasard non plus si, aujourd'hui, une conscience féministe nouvelle s'éveille, en écho à l'inquiétude croissante pour le climat.

Sœurs d'âge

Dans la réalité, il y a de fortes chances de découvrir aussi près de soi une magnifique aînée, gouailleuse, délicieusement excentrique, un brin ronchon, mise avec élégance et/ou extravagance. Réfléchis bien. Ne connais-tu pas au moins l'une de ces âmes vénérables en tout point semblable à ces vieilles sages des contes... [...] Dans le cas contraire, réfléchis encore, car c'est peut-être toi qui es en train de devenir cette femme-là.

Clarissa Pinkola Estés, *La danse des grands-mères*

« Pourquoi tu t'intéresses aux ménopausées ? » Cette question, je l'ai entendue mille fois au cours de cette enquête. Tout comme ces remarques, du même acabit : « la ménopause, c'est pas très glamour, non ? », « tu es sûre d'avoir envie de te plonger là-dedans pendant des mois ? », « avec ce livre, tu vas te faire des cheveux blancs ! ».

Les cheveux blancs commencent à coloniser mes tempes depuis longtemps déjà, mais ils ne sont pas la raison pour laquelle j'ai interrogé toutes ces femmes. Leur parole était indispensable à l'enquête. Je désirais, aussi, apprendre quelque chose d'elles : leur secret. Leurs astuces pour débusquer le juste chemin de l'avancée en âge. Pour ne pas se perdre en route, ou alors pour trouver les ressources

---

de la femme sauvage [1992], Grasset, 1996.

permettant de sortir des impasses. Qu'ont-elles compris de l'existence ? Ont-elles trouvé comment supporter ses contradictions, son absurdité, les douleurs qui la traversent ? Quelles sont leurs clés ? Ont-elles quelques trucs à enseigner à toutes celles en quête de sens, de savoir, de puissance, de nuance ? À toutes celles brûlant d'un désir de partage, aspirant à comprendre comment être plus fortes ensemble. Comment apprendre de nos différences en les valorisant, en les explorant, surtout pas en les aplatissant sous des litres de botox ?

« Je pose l'hypothèse, parce que je suis une femme, que d'autres femmes, mes aînées, peuvent m'aider à y voir plus clair », écrit Geneviève Brisac, dans *Sisyphe est une femme*[8]. Voilà le projet. Les aînées de 50, 60, 70 ans ont peut-être un secret à transmettre, ou pas. Elles ont peut-être une formule magique pour l'emporter face au nœud de l'existence, ou pas. Peu importe : il s'agit aussi et surtout de renouer la chaîne. De faire voie (voix) commune.

Marina Tomé, Michelle Perrot, Belinda Cannone, Sophie Lavaud, Rose-Marie Lagrave, Liliane Rovère : toutes ces femmes ont planté une graine de vie en moi. J'aimerais en semer à mon tour, les transmettre à des plus jeunes, des plus âgées aussi. À des sœurs.

Dans *Mes bien chères sœurs*[9], l'écrivaine Chloé Delaume évoque son puissant désir de sororité et envisage la façon

---

8 *Sisyphe est une femme. La marche du cavalier*, Éditions de l'Olivier, coll. « Les Feux », 2019.

9 Chloé Delaume, *Mes biens chères sœurs*, Seuil, coll. « Fiction & Cie », 2019.

dont la quatrième vague du féminisme, celle d'après #MeToo, pourrait la rendre possible. « La révolution numérique a apporté aux femmes des outils et réflexes qui les rendent solidaires, conscientes qu'elles forment un nous. Un nous hétéroclite, un nous de moi aussi. Être perçue comme une femme et être traitée comme telle : c'est cela que nous partageons. Et ce nous n'est pas seul », écrit-elle.

Nous. Bâtir une sororité. Ce mot est aujourd'hui tant employé qu'il perd parfois son sens. Certaines le jugent risqué, estimant qu'il renvoie les femmes à leur sexe, à leur essence féminine : une impasse. D'autres soulignent que non, nous ne sommes pas toutes des sœurs : les bourgeoises blanches le sont peut-être entre elles, mais les conditions des noires, des métisses, des femmes des classes populaires, sont très différentes ; elles ont trop peu en commun avec les premières pour que le mot de sororité suffise à les rassembler. D'autres, encore, ont dévoyé le sens de la sororité à des fins marketing. Il en va hélas ainsi des effets de mode. L'utopie douce d'un « toutes sœurs » peut facilement sombrer dans la superficialité si elle reste déclarative, sans être soutenue par du concret.

À l'origine, pourtant, le mot est fort : sororité, du latin *soror*, « sœur ». Autrefois utilisé pour désigner des communautés de religieuses, il est tombé en désuétude au XVIe siècle, avant de resurgir aux États-Unis, dans les mouvements féministes des années 1970, sous le terme *sisterhood*, puis de traverser l'Atlantique.

Est-il la traduction au féminin de « fraternité » ? Non, du moins, pas si l'on interprète le mot « fraternité » comme une valeur universelle rassemblant les êtres humains quel que soit leur sexe. Pour éviter toute ambiguïté, certaines féministes suggèrent de remplacer le mot fraternité par celui d'adelphité, plus neutre, dérivé du grec *adelphos*, désignant les enfants, frères et sœurs, nés de la même mère. Adelphité plutôt que fraternité, donc, pour évoquer, en France, ce lien profondément républicain. Et qui n'a rien de contradictoire avec une aspiration parallèle à la sororité. Car sans adhérer nécessairement à la misandrie de Chloé Delaume, on peut désirer aussi fort avoir des sœurs et des frères avec qui nouer des liens équitables et égaux, libres et libérés. Sororité et adelphité dans le même élan, aussi nécessaires l'une que l'autre pour un monde plus juste.

Cynthia Rich, elle, se méfiait de la sororité. Elle craignait qu'en sous-entendant une horizontalité d'âge entre les sœurs, elle ne soit porteuse d'âgisme. Il est vrai que les luttes féministes, dans les années 1970, étaient largement clivées par des frontières d'âge. Comment, alors, construire un féminisme intergénérationnel ? Comment l'horizontalité de la sororité peut-elle inclure la notion de filiation ? Comment faire tomber les cloisons et la méfiance réciproque, l'amertume polluant parfois les relations entre les baby-boomeuses et les vingt-trentenaires ?

Trop souvent encore, les reliquats du patriarcat nous divisent, comme le souligne Sylvie Brunel dans son *Manuel*. « Nous sommes pourtant toutes dans le même bateau : à nous de refuser ces oppositions attisées par une lecture masculine de la société, insiste-t-elle. La fille, l'ado, la femme, la mère, la grand-mère : il y a une unité entre tous ces âges, je rêve de plus de bienveillance entre nous. »

De la bienveillance : possible, à condition de déconstruire quelques automatismes. Que les plus jeunes ne jugent pas ringarde et périmée l'expérience des aînées. Que les aînées ne méprisent pas les plus jeunes en raison de leur possible naïveté, leur inexpérience et, parfois, leur arrogance. Que l'écart d'âge ne bâtisse pas de nouvelles dominations, mais une mobilisation commune et de l'échange. Que les femmes luttent contre ce que l'on pourrait appeler le syndrome de l'unique. Beaucoup l'ont expérimenté à divers degrés : être la seule fille entourée d'hommes, dans la sphère amicale ou professionnelle, est parfois grisant. Flatteur. Être au centre de l'attention masculine, ou bien pouvoir se targuer d'être la seule femme parvenue à se hisser dans un cénacle réservé aux hommes : voilà qui est confortable. Quelquefois, c'est une fierté. Certaines n'ont pas envie de partager, ni de tendre la main à d'autres ; tant pis pour la sororité.

Trop souvent, encore, les femmes se méfient les unes des autres, cultivent des rivalités ou des vanités stériles. « C'est vrai, mais les hommes ne se tendent pas spécialement l'échelle non plus entre eux : pourquoi les femmes seraient-elles forcément plus vertueuses qu'eux en la matière ? » glisse une consultante spécialiste de la parité, à propos du monde de l'entreprise.

Parce que les hommes, eux, ont beaucoup moins de risques de souffrir du syndrome de l'unique. Parce qu'ils n'ont pas à lutter contre les stéréotypes et le plafond de verre durant toute leur carrière. Parce que rien n'oblige les femmes à reproduire et subir les codes mesquins de la compétition virile, ni l'ironie méprisante qu'il est de si bon ton d'afficher, dans notre pays, à l'égard de tout ce qui est supposé relever de la faiblesse. Elles sont libres de leur préférer d'autres valeurs : l'empathie, la gentillesse, la gratitude. Elles sont libres de privilégier l'entraide et la défense des plus fragiles. De choisir la bienveillance plutôt que la méfiance à l'égard des inconnues et des rivales d'autrefois, des aînées comme des plus jeunes.

Et si on essayait ?

7. LA REVANCHE DES VIEILLES

Je suis vieille et je vous encule.

Brigitte Fontaine, *Prohibition*

L'arrivée au premier plan politique et social de femmes d'expérience

La presse les surnomme « les fonceuses » ou les *wise women*, « les sages », et l'on raconte volontiers qu'elles ont sauvé l'Europe. Début 2020, au plus fort de la première phase de la pandémie de Covid-19, Angela Merkel, la chancelière allemande, Ursula von der Leyen, la présidente de la Commission européenne, et Christine Lagarde, la présidente de la Banque centrale européenne, étaient à la manœuvre pour éviter un désastre économique et social. Ça n'a l'air de rien, mais pour y parvenir, chacune d'entre elles a, à sa façon, brisé les dogmes et tabous de son institution ou pays. Toutes les trois ont fait preuve d'un pragmatisme et d'une efficacité qui ont permis à l'Union européenne de faire un bond de géant.

C'est en effet grâce à leurs efforts que le plan de relance européen de 750 milliards d'euros, le « Next Generation EU », a été annoncé en mai 2020, puis adopté en juillet. Il ne s'agit pas seulement de milliards mis sur la table pour soutenir l'économie. Une partie de ces sommes ont été distribuées, dès 2021, sous forme de subventions aux pays les plus fragiles, comme la Grèce. Une révolution, car jamais les pays membres ne s'étaient montrés aussi solidaires : jusqu'ici, les aides européennes de crises étaient versées sous forme de prêts à rembourser, et accompagnées d'une exigence de réformes douloureuses à mettre en œuvre.

Ce n'est pas tout : ces 750 milliards d'euros sont en partie financés grâce à des emprunts émis en commun par les pays membres. Là aussi, c'est inédit. Auparavant, les pays les plus rigoureux, comme l'Allemagne, ne voulaient pas entendre parler de dettes communes, redoutant que les États jugés moins sérieux, notamment au sud, ne profitent de ces emprunts communs pour relâcher leurs efforts.

Une Europe plus solidaire, renonçant à son obsession des déficits publics et profitant au passage de ces emprunts pour financer la transition écologique. Si les conséquences de la pandémie se feront longtemps ressentir, l'histoire retiendra sans doute que trois femmes sont à l'origine d'une mutation extraordinaire, premier pas – à la condition, non négligeable, qu'il soit confirmé par la suite – vers un véritable fédéralisme européen.

Lorsqu'elle a pris la tête de la BCE en novembre 2019, Christine Lagarde a pourtant été critiquée par la vieille garde monétaire (masculine). Celle-ci a émis des doutes sur ses compétences, lui a reproché de jamais être passée par une banque centrale auparavant – alors qu'elle a tout de même été directrice générale du Fonds monétaire international pendant huit ans – et de ne pas être économiste – alors qu'elle a été ministre de l'Économie de la France de

2007 à 2011, en plein cœur de la crise financière ! Auraient-ils fait le même procès à un homme ? Il est permis d'en douter. « Même à mon niveau, c'est toujours la même chose pour les femmes : il y a cette espèce de regard dubitatif et ironique. Il faut constamment donner la preuve de sa légitimité », dit-elle lors de son arrivée à la tête de l'institut de Francfort. De passage à Paris, elle s'est confiée pendant près d'une heure à ma collègue Solène de Royer et moi-même, dans le cadre d'un portrait pour *Le Monde*[1]. Avec cet humour courtois propre à l'univers anglo-saxon, dont elle maîtrise tous les codes, dans la confidence mais sans en dévoiler trop, elle est revenue sur son impressionnant parcours.

Christine Lagarde a dirigé McKenzie, le plus grand cabinet d'affaires américain, et été la première femme ministre des Finances en France, la première directrice générale du FMI (de 2011 à 2019), puis la première présidente de la BCE. Elle assure que son ascension est certes en partie le fruit du hasard, de rencontres, mais avant tout du travail. Car c'est une bûcheuse, dont la grande résistance physique tient en partie à la rigueur qu'elle s'impose – yoga, natation, jamais d'alcool. Beaucoup d'hommes ont sous-estimé sa résistance. Son obstination. C'est sans doute pour cela qu'elle est montée aussi haut. Derrière ses sourires et ses tailleurs impeccables, Christine Lagarde est une force de la nature.

Lors de ses débuts à la Commission européenne à l'été 2019, Ursula von der Leyen a eu un peu de mal à s'imposer et a tardé à réagir aux prémices de la pandémie.

1 « D'un cabinet d'avocats à la Banque centrale européenne : Christine Lagarde, les clés d'une ascension », *Le Monde*, 30 octobre 2019.

En février 2020, Angela Merkel était, quant à elle, fragilisée par la montée de l'extrême droite dans son pays. « Lagarde, von der Leyen et Merkel ont redressé la barre et déjoué les pronostics de ceux qui pensaient qu'elles ne tiendraient pas le choc », raconte un diplomate européen. Ce n'est pas rien, même si par la suite l'étoile de von der Leyen pâlira quelque peu, en raison du démarrage poussif de la campagne de vaccination européenne.

En plus d'être toutes trois issues de la droite, elles ont en commun d'avoir été les premières femmes à occuper leurs postes respectifs. Et d'avoir plus de 60 ans.

Bien sûr, leurs compétences ne tiennent ni à leur genre, ni à leur âge. Il n'empêche qu'à l'heure où les dirigeants misogynes monopolisent régulièrement la parole et saturent les réseaux sociaux – de Donald Trump à Jair Bolsonaro –, l'arrivée concomitante de ces trois femmes a quelque chose de savoureux. Et elles ne sont pas les seules : aux États-Unis, Elizabeth Warren (71 ans) a été un moment pressentie comme la démocrate susceptible de déloger Donald Trump de la Maison-Blanche, tandis que Nancy Pelosi (81 ans), la puissante présidente de la Chambre des représentants, a bataillé ferme, elle aussi, contre le milliardaire à la mèche blonde.

Au FMI, la Bulgare Kristalina Georgieva (68 ans) a succédé à Christine Lagarde en septembre 2019 – il a même fallu modifier les statuts de l'institution relatifs à la limite d'âge pour valider sa nomination –, et en octobre 2020 la Française Odile Renaud-Basso (56 ans) a pris la tête de la Banque européenne pour la reconstruction et le développement (BERD), après avoir été la première femme directrice générale du Trésor français pendant quatre ans.

Aux États-Unis, la spécialiste du marché du travail Janet Yellen (75 ans) a été la première femme présidente du Conseil des gouverneurs de la banque centrale américaine (Fed), de 2014 à 2018. En général, les présidents de la Fed enchaînent sur un deuxième mandat, mais Donald Trump, qui ne la supportait pas, s'est empressé de la mettre à la porte, prétextant qu'il la jugeait « trop petite » (*sic*) pour un tel poste. Mais Janet Yellen, parfois surnommée par ses amis « la petite dame au gros QI », tient sa revanche : dès son arrivée au pouvoir en janvier 2021, le nouveau président américain Joe Biden l'a nommée secrétaire au Trésor. Elle est également la première femme à occuper cette fonction.

Et puis, il y a Kamala Harris. À 56 ans, cette ancienne procureure, fille d'immigrés, a brisé le plafond de verre à plus d'un égard : elle est non seulement la première femme vice-présidente des États-Unis, mais aussi la première personne afro et indo-américaine à occuper cette prestigieuse fonction.

Depuis quelques années, des figures fortes de femmes d'expérience s'imposent à de hauts postes et ont acquis une influence majeure au sein de la sphère politico-économique mondiale. Dans une tribune du *Financial Times*[2], la patronne du think-tank centriste New America, Anne-Marie Slaughter, se félicite ainsi sans détour, et sans s'embarrasser de politiquement correct, de voir

2 « How older women are trying to change the world », *The Financial Times*, 7 novembre 2019.

des « femmes âgées », des « vieilles » qui, bien après leur ménopause, essaient aujourd'hui de « changer le monde ».

Comment interpréter l'arrivée de ces femmes, qui restent malgré tout minoritaires, sans tomber dans les clichés faciles ? Est-ce, comme le soulignent certains, parce que l'on fait souvent appel aux femmes en période de crise, avant que les hommes ne reprennent la main quand tout va bien ? Oui, et « c'est en partie le fruit de ce qu'on appelle le syndrome Jeanne d'Arc : puisque rien ne marche, pourquoi pas essayer une femme ? » remarque Michelle Perrot[3]. Est-ce simplement l'évolution de nos sociétés et de nos mœurs, dans le sillage du mouvement #MeToo qui a, entre autres, (re)mis le projecteur sur le trop faible nombre de femmes à des postes de pouvoir ?

Sans doute. C'est aussi le résultat d'un certain volontarisme politique. Ces dernières années, nombre de gouvernements ont légiféré pour favoriser la parité au sein des parlements. En France, la loi sur la parité contraint, depuis 2000, les partis politiques à présenter autant de femmes que d'hommes aux élections municipales, régionales et européennes. S'ils ne le font pas, leurs listes ne sont pas enregistrées. Pour les députés, le système est incitatif : des retenues financières sont appliquées aux partis ne respectant pas la règle. Depuis 2012, les formations politiques ont ainsi perdu 28 millions d'euros de dotation publique, soit environ 3,5 millions d'euros par an pour Les Républicains et 1,2 million pour le Parti socialiste, selon le Haut Conseil à l'égalité (HCE).

---

3 *La place des femmes. Une difficile conquête de l'espace public, op. cit.*

Malgré tout, cela fonctionne. En 2017, dans la foulée des élections législatives, le nombre de députées a bondi à 38,8 % (contre 26,9 % en 2012), avec 224 élues, faisant entrer la France dans le cercle étroit des vingt pays qui comptent le plus de femmes à la chambre basse. « C'est une bonne nouvelle : parce que ces députées sont aujourd'hui plus nombreuses, il leur est un peu plus facile de prendre la parole en public ; elles essuient moins de remarques désobligeantes qu'autrefois, notamment sur leur physique », remarque Marie-George Buffet.

Quelques instants plus tôt, son assistant m'a accueillie à l'entrée de l'Assemblée nationale. Nous avons traversé une salle richement dorée, une cour, un interminable dédale de couloirs et d'escaliers jusqu'à la petite pièce où Marie-George Buffet m'attendait, non loin de son bureau. À 71 ans, la députée communiste de Seine-Saint-Denis fréquente les bancs de l'Assemblée depuis près de vingt ans. Figure de la vie politique française et du Parti communiste, militante féministe, elle a également été élue locale, ministre de la Jeunesse et des Sports, et candidate à l'élection présidentielle. « En politique, les femmes sont encore et toujours regardées avant d'être écoutées, remarque-t-elle. Ce n'est pas facile avec l'âge, surtout lorsqu'on ne correspond pas aux critères physiques du moment : cela peut intensifier la crainte de ne pas être à la hauteur. » L'idée selon laquelle la place des hommes serait dans la cité, à s'occuper des affaires publiques, tandis que celle des femmes serait à l'intérieur du foyer, a encore la vie dure en politique, ajoute-t-elle.

Tout au long de sa carrière, elle a essuyé des remarques misogynes et, comme Christine Lagarde, des procès en incompétence, notamment lorsqu'elle a été nommée au ministère de la Jeunesse et des Sports en 1997, dans le gouvernement de Lionel Jospin. « Certains essayaient de me piéger en me posant des questions sur les nombreux cursus de formation existants dans le sport, convaincus que je ne les connaîtrais pas tous », se souvient-elle. Et maintenant ? Plus personne ne met en doute ses qualités. « On vient régulièrement me poser des questions et solliciter mes conseils sur le champ de mes anciennes attributions, notamment aux sports : j'ai parfois l'impression d'être la consultante de service, sourit-elle. J'ai envie de dire : le passé, c'est bien, mais je suis toujours en fonction à l'Assemblée ! »

Avec l'âge, elle se sent plus libre en pensée. Moins sujette aux pressions. Mais elle éprouve toujours la même appréhension lorsqu'il s'agit de prendre la parole en public. « Je vérifie tout, je ne laisse rien au hasard, parce que la parole des femmes est bien plus analysée, décryptée et critiquée que celle des hommes : encore et toujours ce fameux procès en incompétence », explique-t-elle. Le discours, les mots. « Ils sont très importants. C'est par là que tout commence et que les représentations se forgent. Si les jeunes filles entendent uniquement parler d'"hommes politiques" et de "citoyens" dans la parole publique et médiatique, mais jamais de "femmes politiques" ni de "citoyennes", comment voulez-vous qu'elles se sentent à leur place dans ce monde ? »

Longuement, elle parle de son action dans sa circonscription, de ses échanges avec les jeunes, de l'importance du lien, avec une ferveur inentamée. Chaque fois qu'elle intervient dans les établissements scolaires de Seine-Saint-

Denis, elle amène le sujet de l'égalité des genres et du travail des femmes sur la table, tout en prenant soin d'expliquer ce qu'est sa fonction de députée. Au collège déjà, se désole-t-elle, beaucoup de jeunes garçons sont convaincus que la place des femmes est à la maison, pour s'occuper des enfants. Loin des projecteurs et de la mise en scène des réseaux sociaux, Marie-George Buffet travaille sur le terrain pour changer les représentations.

Même si elle évolue doucement, l'image des femmes au pouvoir est encore imprégnée de clichés sexistes. « Les femmes mûres sont souvent caricaturées comme des figures d'autorité tyrannique, façon Margaret Thatcher, ou comme des figures d'autorité morale jugées rébarbatives et ennuyeuses, comme Hillary Clinton », note la chercheuse Estella Tincknell. Durant les primaires démocrates pour l'élection présidentielle américaine de 2008, l'éditorialiste conservateur Rush Limbaugh avait ainsi lancé, à propos de la candidate démocrate : « Est-ce que ce pays a vraiment envie de voir une femme vieillir sous ses yeux jour après jour ? » Née en 1947, Hillary Clinton avait alors 61 ans. Presque dix ans plus tard, en janvier 2017, Donald Trump, né en 1946, avait déjà 70 ans passés lorsqu'il a pris ses fonctions. Joe Biden, lui, a fêté ses 78 ans le 20 novembre 2019, avant même d'entrer à la Maison-Blanche, en janvier 2021...

L'éditorialiste au *New York Times* Gail Collins estime, dans son ouvrage *No Stopping Us Now*, que la montée en puissance des femmes mûres, marquée par des va-et-vient au cours de l'histoire, est désormais inéluctable. L'évolution des mœurs et, surtout, le basculement démographique semblent lui donner raison : dans les économies développées, la part des plus de 65 ans dans la population (19,3 %) est désormais supérieure à celle des 15-24 ans (11 %), et elle montera à 28,2 % en 2060, contre 10,5 % pour les 15-24 ans, selon le scénario médian des projections réalisées par les Nations unies. Dans la tranche d'âge des seniors, les femmes sont plus nombreuses. En France, en 2020, on recense ainsi 126 femmes pour 100 hommes chez les plus de 60 ans. Le ratio monte à 140 chez les plus de 70 ans, 176 chez les plus de 80 ans et 226 au-delà de 90 ans.

On pourrait presque affirmer que l'avenir appartient aux vieilles, en particulier dans les économies occidentales : tout y concourt. Ce serait oublier que l'histoire n'est jamais linéaire lorsqu'on évoque les droits et le statut des femmes. Les retours en arrière, réguliers, sont un risque permanent. Aux États-Unis, ces dernières années, des dizaines d'États ont adopté des lois limitant l'accès à l'avortement. Il est difficile d'être parfaitement optimiste pour l'avenir : avant son départ, Trump a placé la conservatrice anti-IVG Amy Coney Barrett à la Cour suprême. Or les neuf juges de cette instance au sommet du pouvoir judiciaire américain, chargés de vérifier si les lois locales et fédérales sont conformes à la Constitution, sont nommés à vie.

La situation est également préoccupante au sein de l'Union européenne. En Pologne, en octobre 2020, le Tribunal constitutionnel, aux ordres du parti ultra-catholique au pouvoir (Droit et Justice, le PiS), a rendu l'avortement illégal, sauf en cas de viol ou d'inceste. « N'oubliez jamais qu'il suffira d'une crise politique, économique ou religieuse pour que les droits des femmes soient remis en question, écrivait Simone de Beauvoir, dans *Le Deuxième Sexe*. Ces droits ne sont jamais acquis. Vous devrez rester vigilantes votre vie durant. »

Les vieilles font-elles de meilleures dirigeantes ?

Revenons aux fonceuses, les trois drôles de dames à la manœuvre du sauvetage de l'économie européenne. Le magazine *L'Obs*[4] les décrit en ces termes : « Moins orgueilleuses que les hommes, préférant l'efficacité à l'autosatisfaction. »

Quelques mois plus tôt, le magazine américain *Forbes* publiait un article[5] d'Avivah Wittenberg-Cox, la fondatrice d'un cabinet de conseil spécialisé dans l'égalité des genres. Il soulevait la question suivante : « Qu'ont en commun les pays qui ont le mieux répondu à la crise du coronavirus ? Des femmes au pouvoir. » Si la Nouvelle-Zélande, Taïwan, l'Allemagne, l'Islande, la Finlande, la Norvège et le Danemark ont enregistré moins de morts durant la première vague de la pandémie, expliquait-elle, c'est parce que ces pays sont dirigés par des femmes. Celles-ci se sont montrées plus transparentes et ont agi plus vite, elles ont fait preuve de plus de compassion et d'amour, assure Avivah Wittenberg-Cox, opposant « l'empathie et l'attention de toutes ces dirigeantes » à l'attitude des « hommes forts qui se servent de la crise pour accélérer un terrifiant processus d'autoritarisme : blâmer "les autres", prendre le pouvoir judiciaire en otage, diaboliser les journalistes et, en

4 N° 2903, du 25 juin au 1er juillet 2020.

5 « What do countries with the best coronavirus responses have in common? Women leaders », *Forbes*, 13 avril 2020.

s'accrochant au pouvoir, plonger leur pays dans les ténèbres (Trump, Bolsonaro, López Obrador, Modi, Duterte, Orban, Poutine, Netanyahou…). »

Il existerait donc un leadership féminin différent de celui des hommes, et la consultante américaine n'est pas la seule à le penser. Depuis #MeToo, on ne compte plus les articles et couvertures de magazine mettant plus ou moins maladroitement en avant des femmes (ou « une femme ») afin d'être dans l'air du temps, parce que défendre une ligne féministe est, dans une certaine mesure, devenu le nouveau politiquement correct. On peut s'en féliciter. Quelques-uns développent néanmoins un argumentaire au mieux idiot, au pire sexiste.

Car enfin, que sous-entend Avivah Wittenberg-Cox lorsqu'elle souligne l'empathie d'Angela Merkel et de ses homologues ? Qu'elles sont de super mamans. Que, par essence, elles sont plus compétentes lorsqu'il s'agit de prendre soin des autres, parce qu'elles sont des femmes pour qui le *care* va de soi. « Je n'y crois pas une seconde : c'est encore une fois, ramener les femmes à leur corps », s'agace Marie-George Buffet. Elle n'est pas la seule.

Il est certes assez peu probable de voir un jour une femme s'imposer sur la scène internationale avec autant de machisme testostéroné que Donald Trump (mais après tout, qui sait ?). Plusieurs éléments permettent néanmoins de douter de l'argument des super mamans. Parce qu'elles sont des femmes, les dirigeantes ont plus souvent été nommées à des postes à dimension sociale ou traitant de la santé depuis le début de leur carrière. Pas étonnant, dès lors, que beaucoup aient acquis une expérience notable sur ces thématiques. « Le sexe ne dit rien des compétences. Les études sur les qualités de leadership en termes de prise de risque ou d'empathie, par exemple, montrent qu'il y a bien plus de différences entre les femmes elles-mêmes, et entre les hommes eux-mêmes, qu'entre les deux sexes », ajoute Anne Boring, économiste, chercheuse associée au Laboratoire interdisciplinaire d'évaluation des politiques publiques (LIEPP) et à la tête, depuis 2008, de la première chaire pour l'entreprenariat des femmes à Sciences-Po.

Angela Merkel et ses homologues sont-elles moins agressives que les hommes, plus diplomates, porteuses de valeurs plus humaines et attentives aux autres ? Peut-être. Mais là encore, cela tient plus à leur éducation et leur socialisation qu'à leurs gènes. Combien de fois, durant leur enfance, ont-elles entendu « sois sage », « sois mignonne », « joue à la poupée », « jolie petite fille » ? Bien plus que Donald Trump, Bolsonaro ou Victor Orban, à n'en pas douter.

Bien sûr, le corps des femmes est différent de celui des hommes : elles ont la possibilité de porter des enfants. Mais comment affirmer que cela détermine leur mode d'action et de décision ? En quoi cette différence physiologique aurait-elle une influence prépondérante sur les capacités manifestées par les femmes dans la vie domestique, professionnelle, civique, politique ? « C'est précisément parce qu'on a cru ou fait croire que les femmes étaient par essence "différentes" qu'on leur a ôté (ou jamais laissé prendre) les positions de pouvoir et d'autorité et qu'on les a plus ou moins et partout constamment confinées à la maison », rappelle Belinda Cannone dans *La tentation de Pénélope*.

Dit autrement: mettre en avant la différence féminine pour affirmer qu'elles sont meilleures dans l'espoir de faire avancer l'égalité des genres est périlleux, car l'argument peut facilement se retourner contre celles et ceux qui le soutiennent. Les dernières recherches sur le cerveau soulignent en outre l'incroyable capacité qu'a celui-ci à se remodeler, en permanence, selon les expériences, tout au long de la vie. Elles établissent qu'il existe d'immenses différences entre la taille, la forme le fonctionnement des cerveaux des individus, quel que soit leur sexe, mais il n'y a pas de caractéristiques spécifiquement associables au féminin ou au masculin.

Cela souligne le rôle primordial de l'éducation et de la socialisation. Les petites filles sont conditionnées à être plus douces, attentives et calmes. Durant leur adolescence, dans les pays occidentaux du moins, on leur répète que le travail paie mais qu'il leur faudra faire leurs preuves deux fois plus que les hommes. Les garçons, qui occupent tout l'espace de la cour de récréation pour se dépenser, sont pour leur part encore largement encouragés à être forts, solides et à ne pas montrer leurs émotions. Beaucoup grandiront avec la conviction que, bien souvent, il suffit de demander les choses un peu fort pour les obtenir.

Imaginons que les enfants des deux sexes bénéficient d'une éducation identique et non genrée. Que les garçons comme les filles entendent durant toute leur enfance puis adolescence qu'ils doivent être doux, que le soin aux autres est essentiel, mais qu'il faut aussi savoir être fort et ne pas se laisser marcher sur les pieds. Imaginons encore que les cursus scientifiques, économiques, de sciences sociales, que les bancs des grandes écoles et de l'ENA soient fréquentés à parts égales par les femmes et les hommes, et que le congé paternité, devenu obligatoire, soit aussi long que le congé maternité. Sans doute y aurait-il plus de femmes aux hauts postes de pouvoir. Sans doute cesserait-on de s'extasier devant leurs supposées qualités féminines de leaders. Mais sans doute, aussi, les dirigeants masculins caricaturaux marquant leur territoire en vociférant comme des chiens en rut seraient-ils moins nombreux.

Bien sûr, rien n'est aussi simple : pour parvenir à une telle parité au sommet, changer l'éducation à l'école et le discours des parents (ce qui, en soit, serait déjà un tour de force) ne suffirait pas. Il conviendrait de transformer également l'ensemble des représentations qui, de la pub aux dessins animés en passant par les vêtements, les livres d'histoire et les jouets, assignent aux petites filles, aux adolescentes, à leurs mères et à leurs grands-mères, une place particulière. On ne naît peut-être pas femme, souligne Belinda Cannone, mais on le naît socialement, car le nouveau-né est immédiatement plongé dans un bain de mots, normes, valeurs qui forgeront sa personne et surtout son genre dès les premiers jours de son existence.

Notons au passage qu'on ne naît pas homme non plus. Et les injonctions reposant sur les adolescents d'aujourd'hui, les enjoignant à devenir un homme fort mais pas un macho, un féministe mais pas un faible, à séduire mais sans gestes explicites, à se montrer poli envers les femmes mais en prenant garde à ne pas en faire trop, ne doivent pas être simples à intégrer pour ces derniers.

Parmi les sept pays cités par *Forbes* comme de meilleurs gestionnaires de la première vague de Covid-19, quatre sont situés en Europe du Nord, une région de culture protestante caractérisée par une parité instaurée de plus longue date au sein des institutions et de la société, une plus grande transparence et un rapport au pouvoir plus horizontal. Cela explique à la fois pourquoi des femmes accèdent plus facilement au pouvoir dans ces États, mais aussi, certainement, pourquoi ils ont relativement bien géré la première phase de l'épidémie.

Inutile, pour autant, d'idéaliser la Scandinavie. Historiquement, la séparation entre sphères publique (le domaine des hommes) et privée (dévolue aux femmes) y a été, et y est encore dans une large mesure, beaucoup moins forte qu'en France. Si ces démocraties offrent des conditions d'exercice du pouvoir « plus normales » aux femmes, souligne Michelle Perrot, c'est parce que l'on y considère que l'État doit fonctionner un peu comme un ménage, où il convient de gérer sagement les économies : les femmes y ont donc leur place, puisqu'elles savent déjà le faire à la maison. Il n'y a pas de discontinuité entre l'État et le quotidien, le domestique et la chose publique, hommes et femmes peuvent passer de l'un à l'autre (en se déplaçant à vélo, bien sûr), comme l'illustre d'ailleurs la série danoise *Borgen, une femme au pouvoir*.

Pour paraphraser Françoise Giroud, l'égalité en matière de pouvoir sera atteinte lorsque des femmes incompétentes et aussi grossières que certains présidents masculins d'hier et d'aujourd'hui seront élues à la tête de démocraties. Et lorsque plus personne ne fera de remarques ni sur leur physique, ni sur leur âge. Il y a encore un peu de marge…

Les silver influenceuses à la conquête du monde

Elle danse. Souvent, seule ou avec sa fille, sur de la pop ou du jazz. Elle se maquille parfois, pas toujours. Elle porte des couleurs vives, se photographie habillée ou en maillot de bain, entourée de fleurs. Elle publie, aussi, des photos de ses shootings et des messages positifs. Elle sourit beaucoup, toujours, et il est difficile, même si ses posts sont parfois un peu superficiels, de ne pas se laisser prendre par sa joie de vivre. Sur Instagram, Caroline Ida, mannequin senior, tient le compte fiftyyearsofawoman. Elle y poursuit la mission qu'elle s'est donnée: «casser l'invisibilité des femmes seniors sur les réseaux sociaux».

Caroline Ida se définit comme une «silver influenceuse» et n'a pas peur de montrer son corps tel qu'il est, à savoir rond, ridé, marqué, imparfait – et superbe. Plus de 36 000 personnes la suivent, dont de nombreuses femmes de plus de 50 ans, avec qui elle échange quotidiennement. «Beaucoup souffrent de solitude, comme du fait de ne pouvoir s'identifier à personne parmi les modèles des magazines. Elles vivent difficilement l'absence de regard bienveillant de la société envers elles. Elles se montrent très pudiques sur l'intime. Mais elles ont aussi un immense besoin de parler.»

Alors Caroline Ida les écoute. Elle les inspire, en osant se montrer à la fois naturelle et coquette, belle, sans tricher. Elle ne cache rien de ses fragilités. «Je suis heureuse lorsqu'une femme se sent un peu mieux grâce à moi. Je le fais aussi pour la génération d'après – celle de ma fille de 27 ans. Pour qu'elles n'aient pas peur de vieillir et ne subissent pas les mêmes souffrances.»

Sur Instagram, Facebook, TikTok, les « silver influenceuses », ou « grey influenceuses », comme Caroline Ida, sont de plus en plus nombreuses. Elles ouvrent des blogs, des sites, des pages. Elles œuvrent pour une meilleure représentation des femmes de plus de 50 ans dans tous les registres, du plus sincère au plus marketé, du plus naturel au plus contrôlé, sérieux ou foutraque, profond ou léger. Elles sont anonymes ou connues, mannequins, comédiennes, cadres, (grands-)mères, retraitées. En France, elles sont quelques dizaines, bien moins nombreuses qu'aux États-Unis, où le phénomène ne cesse de prendre de l'ampleur.

Parmi les doyennes, Iran Khanoom, Iranienne vivant à Paris depuis 2014, 90 ans passés, présente ses looks de mamie branchée dans tous les coins de la capitale, avec l'aide de son petit-fils – tout en luttant pour les droits et la liberté des femmes. À 100 ans, la délicieuse New-Yorkaise Iris Apfel, architecte, entrepreneuse et icône de la mode, recense plus de 1,6 million d'abonnés sur Instagram, où elle pose avec ses grosses lunettes noires. La mannequin Colleen Heidemann, 70 ans, balade son style glamour sur la toile, tandis que l'Américaine Baddie Winkle, 90 ans et des poussières, joue la badass rebelle et ultrafluo. « Je vole votre homme depuis 1928 », écrit-elle en présentation de son compte Instagram.

Aux États-Unis, certaines de ces silver influenceuses parviennent à vivre de leur activité en ligne. Elles sont parfois un peu caricaturales, pas toujours détachées des normes de la mode sur le corps ou, à l'inverse, des clichés sur les grands-mères foldingues. Il n'empêche que leur présence est salutaire. Elles donnent à voir des alternatives à leurs cadettes de 30, 40, 50 ou 60 ans.

Au-delà de la mode, nombre de collectifs de femmes mûres agissent également, souvent sur les réseaux sociaux, par l'image et la parole, afin de changer le regard sur l'âge. Pour aider les autres, y compris les plus jeunes, à ne plus vivre la ménopause comme une honte, mais comme une libération. À s'y préparer sereinement. À accepter les transformations du corps.

En France, Sophie Dancourt tient le média J'ai piscine avec Simone, tandis que Natacha Dzikowski, consultante en bien-être, distille ses conseils pour bien vivre l'avancée en âge et prendre soin de son corps sur son site estampillé « 50 ans, c'est super ». Il y a également Sophie Kune : consultante en marketing digital auprès de marques de beauté, elle est entrée en péri-ménopause en 2016, en raison de problèmes d'endomètre. Elle était encore loin de la cinquantaine mais, déjà, se sentait mise à l'écart par deux de ses jeunes collègues de 25 ans, convaincues qu'elle ne connaissait rien aux algorithmes d'Instagram. « Elles attendaient que je parte pour échanger entre elles : comme si, à mon âge, je n'avais rien à leur apprendre sur le marketing. Et pourtant ! » sourit-elle.

Début 2020, elle a lancé le compte Instagram Ménopause Stories : chaque jour, à 18 heures, elle poste une histoire et une photo autour de la fin des règles. Le tout sur un ton enjoué, drôle, vivifiant, afin d'évoquer cette période charnière dans la vie des femmes sous ses divers aspects : les questionnements autour de la séduction, de l'identité, du désir, du départ des enfants. « On sourit, on échange sans se prendre trop au sérieux : découvrir que cela est possible, même sur un sujet comme celui-ci, fait un bien fou », confie l'une de ses lectrices.

D'autres comptes et pages sur les réseaux sociaux mettent également en avant le passage des cheveux colorés aux cheveux gris ou blanc, comme l'a fait la journaliste Sophie Fontanel, avant de raconter cette transformation dans son ouvrage *Une apparition*. Difficile de tous les recenser, tant ils sont nombreux, des États-Unis à la Corée du Sud : jineenmariesilvery, silver.isthenew.black, aging with_style_and_grays, silversparklesonme, silverbeauty. michelle...

L'influence de ces silver women dépasse le cercle des internautes du même âge. Mieux : des jeunes s'emparent également du sujet. La jeune créatrice de mode Fanny Karst, une Française installée à New York, présente ainsi sur Instagram les vêtements branchés qu'elle conçoit uniquement pour les *old ladies*, les vieilles dames, avec des modèles aux cheveux gris. « Les femmes de plus de 70 ans et leur liberté m'inspirent », explique-t-elle, heureuse d'évoquer sa passion. Parce que les corps vieillissants sont différents, un peu plus voûtés, plus incertains, Fanny trouve des astuces pour leur donner de l'allure, tout en respectant les silhouettes. « Les tissus techniques offrent beaucoup de possibilités. Je veux valoriser la beauté des corps changeants, souligner leur dynamisme, leur liberté, tout en créant des vêtements si élégants que toutes les générations voudraient les porter. »

Valoriser le corps changeant : de jeunes photographes se sont également donné cette mission, comme l'Américain Ari Seth Cohen, passionné par la grâce fragile des femmes seniors (il publie ses clichés sur son compte Instagram Advancedstyle), ou encore, en France, Ema Martins, qui photographie les visages en noir et blanc sans dissimuler leurs rides. Parmi les portraits de sa série *Ainsi soient-elles* apparaissent notamment ceux de Caroline Ida ou de la comédienne Marina Tomé.

En les regardant, je songe à la face bombée et impeccablement lisse de la dermatologue qui a failli m'injecter du botox dans le front, quelques mois plus tôt. Je pense aux joues tombantes de ma grand-mère Léa, et au sillon profond creusant déjà un canyon entre mes deux sourcils. Une vallée. Un chasme où se tient une fête secrète, une frairie où les souvenirs, chagrins et joies d'autrefois valsent ensemble, creusent doucement les peaux à tant tourner, tourner, jusqu'à l'étourdissement. Dans ces creux subtils se joue une allégresse insoupçonnée. Une vivance. Je n'ai plus envie d'effacer la ride du lion.

CONCLUSION

L'enquête se termine un matin froid de décembre, dans le bois de Vincennes. À l'exception de quelques joggeurs courageux, l'endroit est désert. La corolle blanche du givre duvette le tapis de feuilles mortes que des merles fouillent avec détermination. Les arbres dressent leurs branches nues vers le ciel, tel un défi lancé à l'hiver. La mauvaise saison passera. Dans quelques mois, les bourgeons jailliront de la frondaison. En forêt, rien n'est jamais perdu. Le monde se réinvente en permanence.

Un bus me dépose non loin de la porte où se dessinent de grandes lettres dorées, cerclées de métal bleu: « Cartoucherie ». Ariane Mnouchkine écoute des enregistrements au casque lorsque je la rejoins. Autour d'elle s'active la troupe du Théâtre du Soleil, institution qu'elle a fondée en 1964 et anime toujours. La compagnie répète la pièce qu'elle espère présenter dans le courant de l'année suivante. Certains comédiens portent des kimonos japonais. Une ambiance électrique règne sur les lieux: Kinué Oshima, actrice spécialiste du théâtre nô, l'un des arts théâtraux les plus anciens du Japon, vient d'arriver de Tokyo pour enseigner son art.

« Elle est incroyable », s'enthousiasme Ariane Mnouchkine, filant droit vers la cantine. Les acteurs se servent avant d'aller déguster leur repas plus loin. Soupe de lentilles, riz, poisson, blettes. La metteuse en scène ouvre les portes d'une main tout en tenant son plateau de l'autre, trotte ; elle est difficile à suivre. À 82 ans, où trouve-t-elle encore cette énergie ?

Elle plisse les yeux, lance avec facétie : « Vous préparez un ouvrage sur les femmes mûres : vous voulez dire les vieilles femmes ? Qu'y a-t-il de déshonorant dans le mot vieux ou vieille ? Autant dire les choses franchement. Appeler un chat un chat. En quoi "seniors", "anciens", "aînés", toutes ces tartuferies langagières sont-elles plus respectueuses, c'est-à-dire plus justes ? »

Ariane Mnouchkine a beaucoup à dire sur la vieillesse. Elle s'insurge du sort que l'on réserve aux plus âgés mourant loin des regards dans les Ehpad, en particulier durant la pandémie : « Ces hypocrisies masquent mal les abus commis à l'encontre de ces vieux si importants, semble-t-il, que pour les protéger, on les a enfermés, séparés, affamés affectivement, privés de leurs droits les plus élémentaires, des décisions les plus essentielles. Prétendant les garder en vie plus longtemps, on a dépouillé des centaines de milliers de vieilles femmes et de vieux messieurs de la saveur humaine des derniers moments de leur vie. » En l'écoutant, la question à l'origine de cet ouvrage me revient à l'esprit : qui a peur des vieilles ? Qui frémit devant les femmes de la trempe d'Ariane Mnouchkine ?

Tous ceux pris d'un vertige lorsque les cadres éclatent. Tous ceux redoutant la liberté farouche, parce qu'elle incarne un danger : celui de mettre à bas les fondations, de secouer l'ordre établi, de rebattre les cartes. Longtemps, tout a concouru pour faire taire les frondeuses aux cheveux blancs, les rebelles tranquilles à la tignasse grise. Dans une large mesure, les femmes sorties de la période fertile sont aujourd'hui encore déconsidérées, invisibilisées, comme si leur valeur sociale diminuait en même temps que leur quantité d'œstrogènes.

Mais c'est de moins en moins vrai. La révolution a commencé, notamment parce que, depuis quelques années, la parole des femmes se libère, sur tous les sujets. Le séisme #MeToo a déplacé les lignes: de plus en plus, il est question du corps féminin. Les tabous tombent. Le prochain à briser sera celui portant sur le corps vieillissant. Les pays en proie au basculement démographique ont tout à gagner à changer leur regard sur l'âge. Observer comment notre société considère ses aînées, c'est mesurer le chemin qu'il reste à parcourir, tant nos normes et représentations survalorisent de façon bien trop obsessionnelle la jeunesse. Pour combien de temps encore ? Que manque-t-il pour que les Christine Lagarde et les Mercedes Erra ne soient plus considérées comme des exceptions, cessent de susciter l'étonnement ? Quelles avancées, quelles lois, quelles prises de conscience sont encore nécessaires pour que les féministes – mais aussi, tous les hommes et les femmes – s'emparent plus activement du sujet ?

Car la révolution commence en chacun et chacune. Aux hommes d'affirmer une masculinité plus libre, détachée des enjeux de statut, susceptible de s'épanouir dans des relations plus justes et équilibrées. Aux femmes, jeunes, moins jeunes, de ne plus compter les années avec l'angoisse du déclassement. De ne plus prendre peur devant la vetula, comme s'il s'agissait d'un mauvais sort.

Dans son article « The double standard of aging », Susan Sontag offrait dès 1972 une voie à suivre. À celles lisant ses mots, elle suggérait la chose suivante : plutôt que de vous obstiner à rester des jeunes filles cryogénisées le plus longtemps possible, devenez « des femmes beaucoup plus tôt ». En d'autres termes : désobéissez. Défiez les conventions. Ne cédez pas à la honte, autorisez votre visage à raconter la vie que vous avez vécue. Parce que cette vie-là, ces chemins dessinés sur les joues et les fronts sont votre richesse. Votre force. Les effacer, c'est perdre un peu de soi. Mais comment les assumer et les porter fièrement ? « Comment supporter d'être finalement exclue du grand frisson désirant qui traverse la foule ? interroge Belinda Cannone. Et surtout : que faire de notre propre désir ? À la puissance, on trouve toujours des substituts : pas à la séduction, qui se perd sans remède. Alors soyons puissantes, mes sœurs, parce qu'ainsi s'entretiendront la joie de vivre et le feu[6]. »

Je ne pourrais pas mieux conclure ce livre : « Soyons puissantes, mes sœurs. » Trouvons chacune notre façon d'incarner cette force et de l'insuffler aux autres. Toujours dans la bienveillance. En faisant corps. Dans la tolérance envers soi-même, loin de la tyrannie de l'œil intérieur. « Vieillir, c'est aussi prendre conscience qu'il ne faut plus gaspiller un seul instant. Qu'il faut savoir reconnaître et célébrer sur-le-champ, tacitement ou bruyamment, le plus petit moment de bonheur, même le plus humble », me dit encore Ariane Mnouchkine.

6 Belinda Cannone, *La tentation de Pénélope*, *op. cit.*

Elle me fait signe de la suivre, traverse une salle où des visages de plâtre sont alignés: ceux sur lesquels les comédiens cousent les masques de tissu qu'ils portent pour répéter. « L'usure du corps n'est pas toujours une découverte agréable, mais elle nous apprend une certaine patience, car le temps se venge si on ne le prend pas. Mais une impatience, aussi, car vieillir, c'est également savoir qu'il y a plus de temps derrière soi que devant. »

Une patience et une impatience. Prendre le temps, mais ne pas gaspiller chaque instant. La dame du Théâtre du Soleil nous laisse ces mots. À nous d'en trouver la clé. Le sens à leur donner au fil des ans. La route à défricher, riche en détours et découvertes.

Au moment de quitter la Cartoucherie, tandis que je traverse le ballet soyeux des comédiens en kimono prêts à accueillir la maîtresse du nô, une petite fille au fond de la salle attire mon attention. Elle est assise sur une caisse, un air de défi dans le regard. Elle me rappelle celle que j'étais autrefois, jouant dans les bois en compagnie de Léa, aspirant à ressembler à cette extraordinaire grand-mère à la peau de parchemin. La fillette sourit. Elle dépose un baiser dans la paume de sa main et le souffle dans ma direction.

REMERCIEMENTS

L'enquête pour *Qui a peur des vieilles?* fut conduite dans des conditions particulières, souvent intenses et parfois rocambolesques; avant, pendant et après ma grossesse; avant, pendant et après les confinements liés à la pandémie de Covid-19, qui m'ont contrainte à mener une partie des entretiens par téléphone, e-mail ou visioconférence. En dépit de ces péripéties, j'ai savouré chaque rencontre: toutes m'ont menée bien plus loin que je ne l'imaginais.

Merci à toutes les femmes qui ont eu l'infinie gentillesse de répondre à mes sollicitations et de me consacrer du temps: Loretta, Anne-Marie, Sylvie, Carole, Caroline, qui m'a finalement convaincue de me mettre au cardio-training, Fatoumata, Marie, Éliane, Mai. Merci à Sam et ses éclats de rire, à Éveline, Mireille, Bernadette pour sa gentillesse, Véronique, Émilie, Nora, qui m'a rattrapée sur les pavés glissants, Marie-Annick, Virginie, Camille, Marianne et ses cafés serrés. Merci à toutes celles dont les réflexions m'ont aidée à concevoir cet ouvrage.

Merci aux femmes qui m'ont reçue chez elles, dans leur bureau, qui m'ont parlé par téléphone ou à distance: Michèle Perrot, Rose-Marie Lagrave, Belinda Cannone, avec qui j'adorerais poursuivre les échanges, Melissa Petit, Frédérique Picard-Le Bihan, Cécile Charlap, dont je recommande la lecture des travaux sur la ménopause, Béatrice Copper-Royer, Eva Illouz, Suzanne Boisvert, dont les propos sur la « vivance » résonnent encore en moi.

Merci à Sylvie Papandréou et Ariane Mnouchkine, qui m'ont accueillie au Théâtre du Soleil, en dépit des grandes difficultés traversées par le secteur durant la crise sanitaire, à Nathalie Azoulai, à Liliane Rovère, avec qui je rêve toujours d'écouter un disque de jazz, à Brigitte Lahaie, Catherine Grangeard, Anne Gompel, aux aventurières Christine Janin, Laurence de la Ferrière et Sophie Lavaud, que j'admire tant. Merci à Marie-George Buffet, qui m'a rappelé ce que signifie l'engagement politique, à Sophie Kune, à Sylvie Bommel, qui a compté plus qu'elle n'imagine dans ma carrière de journaliste, à Sylvie Brunel, Sophie Dancourt, Odile Chabrillac, qui a titillé la sorcière en moi.

Merci à Élise Moison et Mercedes Erra, pour leur éclairage sur les questions professionnelles, à Rebecca Gillard, Nathalie Garçon et Fanny Karst, qui m'ont donné un aperçu du monde de la mode, à Béatrice Craig, Catherine Millet, Françoise Laborde, à l'inspirante Caroline Ida, à Yazemeenah Rossi, qui m'a donné envie d'aller vivre en Californie. Merci aux passionnantes Marina Tomé, Catherine Piffaretti et Blandine Métayer, à Evelyne Bloch-Dano, Fabrice Meruca, Geneviève de Fontenay. Merci à Estella Tincknell et Darcey Steinke, qui ont toléré mon anglais perfectible, et à toutes les autres qui, ces dernières années, ont nourri mes réflexions.

Merci aux hommes qui se sont également confiés, notamment Marc, Christian, Vincent, Pierre, et à toutes celles et ceux qui m'ont accompagnée durant ces mois de travail.

REMERCIEMENTS

Merci à Adeline Fleury, pour ses conseils, sa présence : elle m'a poussée à donner le meilleur de moi-même, cet ouvrage n'existerait pas sans elle. Merci à Aude Chevrillon et Alice Peuvot, les merveilleuses éditrices des Pérégrines, qui m'ont fait confiance, à Constance Roche, pour ses relectures consciencieuses. Merci à Laurent, toujours là.

BIBLIOGRAPHIE

Ouvrages

ADLER Laure, *La Voyageuse de nuit*, Grasset, 2020.

AZOULAI Nathalie, *Juvenia*, Stock, 2020.

BATTAGLIA Françoise, *Histoire du travail des femmes*, La Découverte, coll. « Repères », 2008.

BEAUVOIR (DE) Simone, *La Vieillesse*, Gallimard, 1970.

BOMMEL Sylvie, *Il venait d'avoir dix-sept ans*, JC Lattès, 2019.

BOYER-WEINMANN Martine, *Vieillir, dit-elle. Une anthropologie littéraire de l'âge*, Champ Vallon, 2013.

BREY Iris, *Le regard féminin. Une révolution à l'écran*, Éditions de l'Olivier, 2020.

BRISAC Geneviève, *Sisyphe est une femme. La marche du cavalier*, Éditions de l'Olivier, 2019.

BRUNEL Sylvie, *Manuel de guérilla à l'usage des femmes*, Grasset, 2009.

CANNONE Belinda, *La tentation de Pénélope*, Stock, coll. « L'autre pensée », 2010.

CIXOUS Hélène, *Ève s'évade. La Ruine et la Vie*, Galilée, 2009.

CHABRILLAC Odile, *Âme de sorcière, ou La magie du féminin*, Solar, coll. « Harmonie », 2017.

CHARLAP Cécile, *La fabrique de la ménopause*, CNRS éditions, 2019.

CHOLLET Mona, *Sorcières. La puissance invaincue des femmes*, La Découverte, coll. « Zones », 2018.

Collectif Georgette Sand, *Ni vues, ni connues. Panthéon, Histoire, mémoire : où sont les femmes ?*, Hugo Doc, 2017.

Collins Gail, *No Stopping Us Now. The Adventures of Older Women in American History*, Little, Brown and Company, 2019.

Courcoux Charles-Antoine, Le Gras Gwénaëlle, Lemoine Raphaëlle (dir.), *L'âge des stars. Des images à l'épreuve du vieillissement*, L'Âge d'Homme, 2018.

Courtivron (de) Isabelle, *L'été où je suis devenue vieille*, L'Iconoclaste, 2020.

Craig Béatrice, *Les femmes et le monde des affaires depuis 1500*, Presses de l'Université Laval, 2019.

Delaume Chloé, *Mes bien chères sœurs*, Seuil, coll. « Fiction & Cie », 2019.

Despentes Virginie, *King Kong Théorie*, Grasset, 2006.

Degunst Sylviane, *Moi, vieille et jolie*, Cherche midi, 2020.

Ernaux Annie, *« Je ne suis pas sortie de ma nuit »*, Gallimard, 1997.

—, *Se perdre*, Gallimard, 2001.

Fleury Adeline, *Femme absolument*, JC Lattès, 2017.

Fonda Jane, *Prime time. Profitez pleinement de toute votre vie*, trad. Stéphane Roques, Plon, 2012.

Fontanel Sophie, *Une apparition*, Robert Laffont, 2017.

Friedan Betty, *La révolte du 3e âge*, Albin Michel, 1995.

Froidevaux-Metterie Camille, *Le corps des femmes. La bataille de l'intime*, Philosophie Magazine Éditeur, 2018.

Gary Romain, *Au-delà de cette limite votre ticket n'est plus valable*, Gallimard, 1975.

Grangeard Catherine, *Il n'y a pas d'âge pour jouir. La retraite sexuelle n'aura pas lieu !*, Larousse, 2020.

Groult Benoîte, *La Touche étoile*, Grasset, 2006.

Guérin Serge, *Les quincados*, Calmann-Lévy, 2019.

Guérin Serge, Tavoillot Pierre-Henri, *La guerre des générations aura-t-elle lieu ?*, Calmann-Lévy, 2017.

Halimi Gisèle, avec Cojean Annick, *Une farouche liberté*, Grasset, 2020.

Huston Nancy, *Reflets dans un œil d'homme*, Actes Sud, 2012.

Lake Roseann, *Casse-tête à la chinoise : mari ou carrière ? Le dilemme des femmes de l'Empire du Milieu*, Éditions François Bourin, 2019.

Laurens Camille, *Celle que vous croyez*, Gallimard, 2016.

Lemaître Pierre, *Cadres noirs*, Calmann-Lévy, 2010.

Métayer Blandine, Grisseaux Véronique, Revel Sandrine, *Je suis top !*, Delcourt, 2016.

Marçal Katrine, *Le dîner d'Adam Smith. Comment le libéralisme a zappé les femmes et pourquoi c'est un gros problème*, Les Arènes, 2019.

Macdonald Barbara, Rich Cynthia, *Look Me in the Eye. Old Women, Aging and Ageism*, Spinsters Ink Books, 2002.

Perrot Michelle, Lebrun Jean, *La place des femmes. Une difficile conquête de l'espace public*, Textuel, 2020.

Périvier Hélène, *L'économie féministe*, Presses de Sciences Po, 2020.

Picq Pascal, *Et l'évolution créa la femme*, Odile Jacob, 2020.

Pinkola Estés Clarissa, *Femmes qui courent avec les loups. Histoires et mythes de l'archétype de la femme sauvage*, Grasset, 1996.

—, *La danse des grands-mères*, Grasset, 2007.

Schweitzer Sylvie, *Les femmes ont toujours travaillé. Une histoire du travail des femmes aux XIXe et XXe siècles*, Odile Jacob, 2002.

SEGAL Lynne, *Out of Time. The Pleasures and the Perils of Ageing*, Verso, 2013.

STEINKE Darcey, *Flash Count Diary. Menopause and the Vindication of Natural Life*, Sarah Crichton Books, 2019.

THIÉBAUT Élise, *Ceci est mon sang. Petite histoire des règles, de celles qui les ont et de ceux qui les font*, La Découverte, 2017.

VAN REETH Adèle, *La vie ordinaire*, Gallimard, 2020.

Articles

ACHIN Catherine, RENNES Juliette, « La vieillesse : une identité politique subversive. Entretien avec Thérèse Clerc », *Mouvements*, 2009, vol. 59, n° 3, p. 133-142.

AOUN Rania, « Facebook et le phénomène des cougars. De "mamies" à MILF », *Recherches féministes*, 2013, vol. 26, n° 2, *Femmes et vieillissements : nouveaux regards, nouvelles réalités*, p. 89-103.

BERNIER-MONOD Agathe, « "Lève-toi ! Aie le courage de vivre !" Lecture commentée de "La vieille femme" d'Hedwig Dohm, pionnière du féminisme allemand », *Recherches féministes*, 2013, vol. 26, n° 2, *Femmes et vieillissements : nouveaux regards, nouvelles réalités*, p. 25-35.

BERGSTRÖM Marie. « De quoi l'écart d'âge est-il le nombre ? L'apport des big data à l'étude de la différence d'âge au sein des couples », *Revue française de sociologie*, 2018, vol. 59, n° 3, *Big data, sociétés et sciences sociales*, p. 395-422.

LE BRAS-CHOPARD Armelle, « Le vieillissement au féminin et au masculin chez Simone de Beauvoir », *Recherches féministes*, 2013, vol. 26, n° 2, *Femmes et vieillissements : nouveaux regards, nouvelles réalités*, p. 37-50.

DELANOË Daniel, « La ménopause comme phénomène culturel », *Champ psychosomatique*, 2001, vol. 24, n° 4, p. 57-67.

LAGRAVE Rose-Marie, « Ré-enchanter la vieillesse », *Mouvements*, 2009, vol. 59, n° 3, p. 113-122.

MARCHAND Isabelle, QUÉNIART Anne, CHARPENTIER Michèle, « Vieillesses d'aujourd'hui : les femmes aînées et leurs rapports aux temps », *Enfances, Familles, Générations*, 2010, vol. 13, p. 59-78.

MEMBRADO Monique, « Le genre et le vieillissement : regard sur la littérature », *Recherches féministes*, 2013, vol. 26, n° 2, *Femmes et vieillissements : nouveaux regards, nouvelles réalités*, p. 5-24.

RENNES Juliette, « Explorations féministes de l'avancée en âge », *La Revue des Droits de l'Homme*, n° 17, 2020.

—, « Femmes et hommes, égaux devant l'âge ? », sous la direction de la Fondation Copernic, *Manuel indocile de sciences sociales. Pour des savoirs résistants*, La Découverte, 2019, p. 763-772.

PERRIG-CHIELLO Pasqualina, DARBELLAY Frédéric, « La vieillesse est féminine – qui s'en soucie ? » (traduction de Marilène Vuille), *Nouvelles Questions féministes*, 2004, vol. 23, n° 1, p. 31-43.

SBARAINI Ella, « Those that prefer the ripe mellow fruit to any other": Rethinking depictions of middle-aged women's sexuality in England, 1700-1800 », *The Journal of the Social History Society*, 2020, vol. 17, n° 2, p. 165-187.

SCHUSTER CORDONE Caroline, « Les perceptions et les enjeux de la vieillesse féminine dans l'art à l'aube de l'époque moderne », *Recherches féministes*, 2013, vol. 26, n° 2, *Femmes et vieillissements : nouveaux regards, nouvelles réalités*, p. 71-88.

TABLE DES MATIÈRES

Collection *GENRE!*

Troubles dans le consentement. Du désir partagé au viol: ouvrir la boîte noire des relations sexuelles, Alexia Boucherie

Vagabondes, voleuses, vicieuses. Adolescentes sous contrôle, de la Libération à la libération sexuelle, Véronique Blanchard

Homoparentalités. La famille en question?, Jérôme Courduriès, Flavio Luiz Tarnovski

Les jeunes, la sexualité et Internet, Yaëlle Amsellem-Mainguy et Arthur Vuattoux

Pour limiter l'empreinte environnemental de leurs livres,
Les Pérégrines font le choix de papiers issus de forêts gérées durablement et de sources contrôlées.
Imprimé en France par CPI en mars 2022 sur du papier Munken Print White pour l'intérieur et Rives tradition blanc naturel pour la couverture.

Dépôt légal : septembre 2021
N° d'impression : 169152

IMPRIM'VERT®